李鴻章傳

滅太平天國、開洋務運動、創北洋水師

挽救崩潰王朝的「中興名臣」！

梁啟超 著

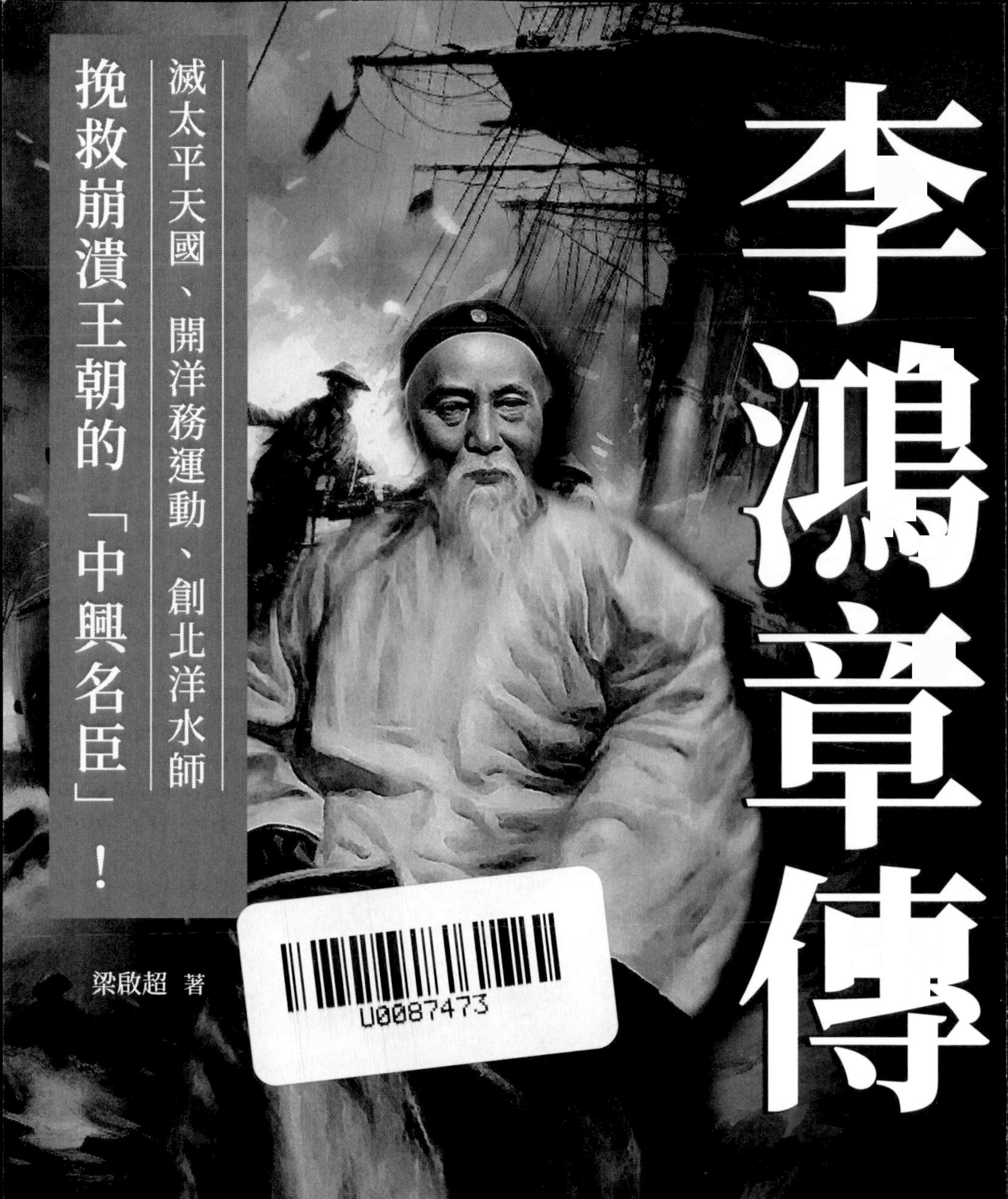

時勢巨變，山雨欲來！工業革命後，科技迅速發展，
東方的巨龍卻仍然沉睡不醒！

且看李鴻章如何在那個動盪不安的晚清，頂著舉國的內憂外患，成為內悅昏君，外御列強的國之棟梁！

目錄

目錄

序例

序例

此書全仿西人傳記之體，載述李鴻章一生行事，而加以論斷，使後之讀者，知其為人。

中國舊文體，凡記載一人事跡者，或以傳，或以年譜，或以行狀，類皆記事，不下論贊，其有之則附於篇末耳。然夾敘夾論，其例實創自太史公，《史記．伯夷列傳》《屈原列傳》《貨殖列傳》等篇皆是也。後人短於史識，不敢學之耳。著者不敏，竊附斯義。

四十年來，中國大事，幾無一不與李鴻章有關係。故為李鴻章作傳，不可不以作近世史之筆力行之。著者於時局稍有所見，不敢隱諱，意不在古人，在來者也。恨時日太促，行篋中無一書可供考證，其中記述謬誤之處，知所不免，補而正之，願以異日。

平吳之役，載湘軍事跡頗多，似涉支蔓。但淮軍與湘軍，其關係極繁雜，不如此不足以見當時之形勢。讀者諒之。

《中東和約》《中俄密約》《義和團和約》，皆載其全文。因李鴻章事跡之原因結果，與此等公文關係者甚多，故不辭拖沓，盡錄入之。

合肥之負謗於中國甚矣。著者與彼，於政治上為公敵，其私交亦泛泛不深，必非有心為之作冤詞也。顧書中多為解免之言，頗有與俗論異同者。蓋作史必當以公平之心行之，不然，何取乎禍梨棗也？英名相格林威爾嘗呵某畫工曰 Paint me as I am，言勿失吾真相也。吾著此書，自信不至為格林威爾所呵。合肥有知，必當微笑於地下曰：孺子知我！

光緒二十七年十一月既望

著者自記

第一章

緒論

第一章　緒論

天下唯庸人無咎無譽。舉天下人而惡之，斯可謂非常之奸雄矣乎？舉天下人而譽之，斯可謂非常之豪傑矣乎？雖然，天下人雲者，常人居其千百，而非常人不得其一。以常人而論非常人，烏見其可。故譽滿天下，未必不為鄉願；謗滿天下，未必不為偉人。

語曰：「蓋棺論定。」吾見有蓋棺後數十年數百年而論猶未定者矣。各是其所是，非其所非，論人者將烏從而鑒之。曰：有人於此，譽之者千萬，而毀之者亦千萬；譽之者達其極點，毀之者亦達其極點。今之所毀，適足與前之所譽相消；他之所譽，亦足以此之所毀相償。若此者何如人乎？曰是可謂非常人矣！其為非常之奸雄，與為非常之豪傑，姑勿論，而要之，其位置行事必非可以尋常庸人之眼之舌所得燭照而雌黃之者也。知此義者，可以讀我之《李鴻章》。

吾敬李鴻章之才，吾惜李鴻章之識，吾悲李鴻章之遇。李之歷聘歐洲也，至德，見前宰相俾斯麥，叩之曰：「為大臣者，欲為國家有所盡力。而滿廷意見，與己不合，群掣其肘。於此而欲行厥志，其道何由？」俾斯麥應之曰：「首在得君。得君既專，何事不可為？」李鴻章曰：「譬有人於此，其君無論何人之言皆聽之。居樞要侍近習者，常假威福，挾持大局。若處此者當如之何？」俾斯麥良久曰：「苟為大臣，以至誠憂國，度未有不能格君心者。唯與婦人女子共事，則無如何矣。」李默然雲（此語據西報譯出。尋常華文所登於《星軺日記》者，因有所忌諱，不敢譯錄也）。嗚呼！吾觀於此，而知李鴻章胸中塊壘牢騷鬱抑，有非旁觀人所能喻者。吾之所以責李者在此，吾之所以恕李者亦在此。

自李鴻章之名出現於世界以來，五洲萬國人士，幾於見有李鴻章，不見有中國。一言蔽之，則以李鴻章為中國獨一無二之代表人也。夫以甲國人而論乙國事，其必不能得其真相，固無待言。然要之李鴻章為中國近四十年第一流緊要人物，讀中國近世史者，勢不得不口李鴻章；而讀李鴻章傳者，亦勢不得不手中國近世史。此有識者所同認也。故吾今此書，雖名之為《同光以來大事記》可也。

不寧唯是，凡一國今日之現象，必與其國前此之歷史相應。故前史者，現象之原因；而現象者，前史之結果也。夫以李鴻章與今日之中國，其關係既如此其深厚，則欲論李鴻章之人物，勢不可不以如炬之目，觀察夫中國數千年來政權變遷之大勢，民族消長之暗潮，與夫現時中外交涉之隱情，而求得李鴻章一身在中國之位置。孟子曰：「知人論世，世固不易論。」人亦豈易知耶？

第一章　緒論

今中國俗論家，往往以平發平捻為李鴻章功，以數次和議為李鴻章罪。吾以為此功罪兩失其當者也。昔俾斯麥又嘗語李曰：「我歐人以能敵異種者為功。自殘同種以保一姓，歐人所不貴也。」夫平發平捻者，是兄與弟鬩牆而盬弟之腦也。此而可功，則為兄弟者其懼矣。若夫吾人積憤於國恥，痛恨於和議，而以怨毒集於李之一身，其事固非無因。然苟易地以思，當夫乙未二三月、庚子八九月之交，使以論者處李鴻章之地位，則其所措置果能有以優勝於李乎？以此為罪，毋亦旁觀笑罵派之徒快其舌而已。故吾所論李鴻章為功罪於中國者，正別有在。

李鴻章今死矣。外國論者，皆以李為中國第一人。又曰：「李之死也，於中國今後之全局，必有所大變動。」夫李鴻章果足稱為中國第一人與否，吾不敢知；而要之現今五十歲以上之人，三四品以上之官，無一可以望李之肩背者，則吾所能斷言也。李之死於中國全局有關係與否，吾不敢知；而要之現在政府失一李鴻章，如虎之喪其倀，瞽之失其相，前途岌岌，愈益多事，此又吾之所敢斷言也。抑吾冀夫外國人之所論非其真也。使其真也，則以吾中國之大，而唯一李鴻章是賴，中國其尚有瘳耶！

西哲有恆言曰：「時勢造英雄，英雄亦造時勢。」若李鴻章者，吾不能謂其非英雄也。雖然，是為時勢所造之英雄，非造時勢之英雄也。時勢所造之英雄，尋常英雄也。天下之大，古今之久，何在而無時勢？故讀一部「二十四史」，如李鴻章其人之英雄者，車載斗量焉。若夫造時勢之英雄，則閱千載而未一遇也。此吾中國歷史所以陳陳相因，而終不能放一異彩以震耀世界也。吾著此書，而感不絕於余心矣。

史家之論霍光，惜其不學無術。吾以為李鴻章所以不能為非常之英雄者，亦坐此四字而已。李鴻章不識國民之原理，不通世界之大勢，不知政治之本原，當此十九世紀競爭進化之世，而唯彌縫補苴，偷一時之安，不務擴養國民實力，置其國於威德完盛之域，而僅摭拾泰西皮毛，汲流忘源，遂乃自足。更挾小智小術，欲與地球著名之大政治家相角，讓其大者，而爭其小者。非不盡瘁，庸有濟乎？孟子曰：「放飯流歠而問無齒決，此之謂不知務。」殆謂是矣。李鴻章晚年之著著失敗，皆由於是。雖然，此亦何足深責？彼李鴻章固非能造時勢者也。凡人生於一社會之中，每為其社會數千年之思想習俗義理所困，而不能自拔。李鴻章不生於歐洲而生於中國，不生於今日而生於數十年以前，先彼而生、並彼而生者，曾無一能造時勢之英雄以導之翼之。然則其時其地所孕育之人物，止於如是，固不能為李鴻章一人咎也。而況乎其所遭遇，又並其所志而不能盡行哉。吾故日敬李之才，惜李之識，而悲李之遇也。但此後有襲李而起者乎？其時勢既已一變，則其所以為英雄者亦自一變，其勿復以吾之所以恕李者而自恕也。

第二章
李鴻章之位置

第二章　李鴻章之位置

一、中國歷史與李鴻章之關係

欲評騭李鴻章之人物，則於李鴻章所居之國，與其所生之時代，有不可不熟察者兩事：

一曰：李鴻章所居者，乃數千年君權專制之國，而又當專制政體進化完滿達於極點之時代也。

二曰：李鴻章所居者，乃滿洲人入主中夏之國，而又當混一已久，漢人權利漸初恢復之時代也。

論者動曰：「李鴻章近世中國之權臣也。」吾未知論者所謂權臣，其界說若何。雖然，若以李鴻章比諸漢之霍光、曹操，明之張居正，與夫近世歐美日本所謂立憲君主國之大臣，則其權固有迥不相侔者。使鴻章而果為權臣也，以視古代中國權臣專擅威福，挾持人主，天下側目，危及社稷，而鴻章乃匪躬蹇蹇，無所覬覦，斯亦可謂純臣也矣。使鴻章而果為權臣也，以視近代各國權臣風行雷厲，改革庶政，操縱如意，不避怨嫌，而鴻章乃委靡因循，畏首畏尾，無所成就，斯亦可謂庸臣也矣。雖然，李鴻章之所處，固有與彼等絕異者，試與讀者然犀列炬，上下古今，而一論之。

中國為專制政體之國，天下所聞知也。雖然，其專制政體，亦循進化之公理，以漸發達，至今代而始完滿。故權臣之權，迄今而剝蝕幾盡。溯夫春秋戰國之間，魯之三桓、晉之六卿、齊之陳田，為千古權臣之巨魁。其時純然貴族政體，大臣之於國也，萬取千焉，千取百焉，枝強傷幹，勢所必然矣。洎夫兩漢，天下為一，中央集權之政體既漸發生，而其基未固，故外戚之禍特甚，霍、鄧、竇、梁之屬接踵而起，炙手可熱，王氏因之以移漢祚，是猶帶貴族政治之餘波焉。苟非有閥閱者，則不敢覬覦大權。範曄《後漢書》論張奐、皇甫規之徒，功定天下之半，聲馳四海之表，俯仰顧盼，則天命可移，而猶鞠躬狼狽，無有悔心。以是歸功儒術之效，斯固然矣。然亦貴族柄權之風未衰，故非貴族者不敢有異志也。斯為權臣之第一種類。及董卓以後，豪傑蜂起，曹操乘之以竊大位，以武功而為權臣者自操始。此後司馬懿、桓溫、劉裕、蕭衍、陳霸先、高歡、宇文泰之徒，皆循斯軌。斯為權臣之第二種類。又如秦之商鞅，漢之霍光、諸葛亮，宋之王安石，明之張居正等，皆起於布衣，無所憑藉，而以才學結主知，委政受成，得行其志，舉國聽命，權傾一時，庶幾有近世立憲國大臣之位置焉。此為權臣之第三種類。其下者，則巧言令色，獻媚人主，竊弄國柄，荼毒生民，如秦之趙高，漢之十常侍，唐之盧杞、

第二章　李鴻章之位置

李林甫，宋之蔡京、秦檜、韓侂冑，明之劉瑾、魏忠賢，斗筲穿窬，無足比數。此為權臣之第四種類。以上四者，中國數千年所稱權臣，略盡於是矣。

要而論之，愈古代則權臣愈多，愈近代則權臣愈少。此其故何也？蓋權臣之消長，與專制政體之進化成比例。而中國專制政治之發達，其大原力有二端：一由於教義之浸淫，二由於雄主之布畫。孔子鑒周末貴族之極敝，思定一尊以安天下，故於權門疾之滋甚，立言垂教，三致意焉。漢興，叔孫通、公孫弘之徒，緣飾儒術，以立主威。漢武帝表六藝黜百家，專弘此術以化天下，天澤之辨益嚴，而世始知以權臣為詬病。爾後二千年來，以此義為國民教育之中心點。宋賢大揚其波，基礎益定。凡縉紳上流，束身自好者，莫不兢兢焉。義理既入於人心，自能消其梟雄跋扈之氣，束縛於名教以就圍範。若漢之諸葛，唐之汾陽，及近世之曾、左以至李鴻章，皆受其賜者也。又歷代君主，鑒興亡之由，講補救之術，其法日密一日，故貴族柄權之跡，至漢末而殆絕。漢光武、宋太祖之待功臣，優之厚秩，解其兵柄；漢高祖、明太祖之待功臣，摭其疑似，夷其家族。雖用法寬忍不同，而削權自固之道則一也。洎乎近世，天下一於郡縣，采地斷於世襲，內外彼此，互相牽制，而天子執長鞭以笞畜之。雖復侍中十年，開府千里，而一詔朝下，印綬夕解，束手受吏，無異匹夫。故居要津者無所幾幸，唯以持盈保泰守身全名相勸勉。豈必其性善於古人哉？亦勢使然也。以此兩因，故桀黠者有所顧忌，不敢肆其志，天下藉以少安焉。而束身自愛之徒，常有深淵薄冰之戒，不欲居嫌疑之地，雖有國家大事，明知其利當以身任者，亦不敢排群議逆上旨以當其衝。諺所謂「做一日和尚撞一日鐘」者，滿廷人士，皆守此主義焉，非一朝一夕之故，所由來漸矣。

二、本朝歷史與李鴻章之關係

逮於本朝，又有特別之大原因一焉。本朝以東北一部落，崛起龍飛，入主中夏，以數十萬之客族，而馭數萬萬之生民，其不能無彼我之見，勢使然也。自滇、閩、粵三藩，以降將開府，成尾大不掉之形，竭全力以克之，而後威權始統於一。故二百年來，唯滿員有權臣，而漢員無權臣。若鰲拜，若和珅，若肅順、端華之徒，差足與前代權門比跡者，皆滿人也。計歷次軍興，除定鼎之始不俟論外，若平三藩，平準噶爾，平青海，平回部，平哈薩克布魯特敖罕巴達克愛烏罕，平西藏廓爾喀，平大、小金川，平苗，平白蓮教、

第二章　李鴻章之位置

天理教，平喀什噶爾，出師十數，皆用旗營，以親王貝勒或滿大臣督軍。若夫平時，內而樞府，外而封疆，漢人備員而已，於政事無有所問。如順治、康熙間之洪承疇，雍正、乾隆間之張廷玉，雖位尊望重，然實一弄臣耳。自余百僚，更不足道。故自咸豐以前，將相要職，漢人從無居之者（將帥間有一二，則漢軍旗人也）。及洪、楊之發難也，賽尚阿、琦善皆以大學士為欽差大臣，率八旗精兵以遠征，遷延失機，令敵坐大，至是始知旗兵之不可用，而委任漢人之機，乃發於是矣。故金田一役，實滿、漢權力消長之最初關頭也。及曾、胡諸公起於湘鄂，為平江南之中堅，然猶命官文以大學士領欽差大臣。當時朝廷雖不得不倚重漢人，然豈能遽推心於漢人哉？曾、胡以全力交歡官文，每有軍議奏事，必推為首署；遇事歸功，報捷之疏，待官乃發。其扮謙固可敬，其苦心亦可憐矣。試一讀《曾文正集》，自金陵克捷以後，戰戰兢兢，若芒在背。以曾之學養深到，猶且如是，況李鴻章之自信力猶不及曾者乎？吾故曰：李鴻章之地位，比諸漢之霍光、曹操，明之張居正，與夫近世歐洲日本所謂立憲君主國之大臣，有迥不相侔者，勢使然也。

且論李鴻章之地位，更不可不明中國之官制。李鴻章歷任之官，則大學士也，北洋大臣也，總理衙門大臣也，商務大臣也，江蘇巡撫、湖廣、兩江、兩廣直隸總督也。自表面上觀之，亦可謂位極人臣矣。雖然，本朝自雍正以來，政府之實權在軍機大臣（自同治以後，督撫之權雖日盛，然亦存乎其人，不可一例）。故一國政治上之功罪，軍機大臣當負其責任之大半。雖李鴻章之為督撫與尋常之督撫不同，至若舉近四十年來之失政，皆歸於李之一人，則李固有不任受者矣。試舉同治中興以來軍機大臣之有實力者如下：

第一	文祥、沈桂芬時代	同治初年
第二	李鴻藻、翁同龢時代	同治末年及光緒初年
第三	孫毓汶、徐用儀時代	光緒十年至光緒廿一年
第四	李鴻藻、翁同龢時代	光緒二十一年至光緒二十四年
第五	剛毅、榮祿時代	光緒二十四年至光緒二十七年

第二章　李鴻章之位置

案觀此表，亦可見滿漢權力消長之一斑。自發、捻以前，漢人無真執政者。文文忠汲引沈文定，實為漢人掌政權之嚆矢。其後李文正，翁師傅，孫、徐兩尚書繼之，雖其人之賢否不必論，要之，同治以後，不特封疆大吏漢人居其強半，即樞府之地，實力亦驟增焉。自戊戌八月以後，形勢又一變矣。此中消息，言之甚長，以不關此書本旨，不具論。

由此觀之，則李鴻章數十年來共事之人可知矣。雖其人賢否才不才未便細論，然要之皆非與李鴻章同心同力同見識同主義者也。李鴻章所訴於俾斯麥之言，其謂是耶？其謂是耶！而況乎軍機大臣之所仰承風旨者，又別有在也。此吾之所以為李鴻章悲也。抑吾之此論，非有意袒李鴻章而為之解脫也，即使李鴻章果有實權，盡行其志，吾知其所成就亦決無以遠過於今日。何也？以鴻章固無學識之人也。且使李鴻章而真為豪傑，則憑藉彼所固有之地位，亦安在不能繼長增高，廣植勢力，以期實行其政策於天下。彼格蘭斯頓、俾斯麥，亦豈無阻力之當其前者哉？是固不得為李鴻章作辯護人也。雖然，若以中國之失政而盡歸於李鴻章一人，李鴻章一人不足惜，而彼執政誤國之樞臣，反得有所諉以辭斧鉞，而我四萬萬人放棄國民之責任者，亦且不復自知其罪也。此吾於李鴻章之地位，所以不得斷斷置辯也。若其功罪及其人物如何，請於末簡縱論之。

第三章

李鴻章未發達以前及其時中國之形勢

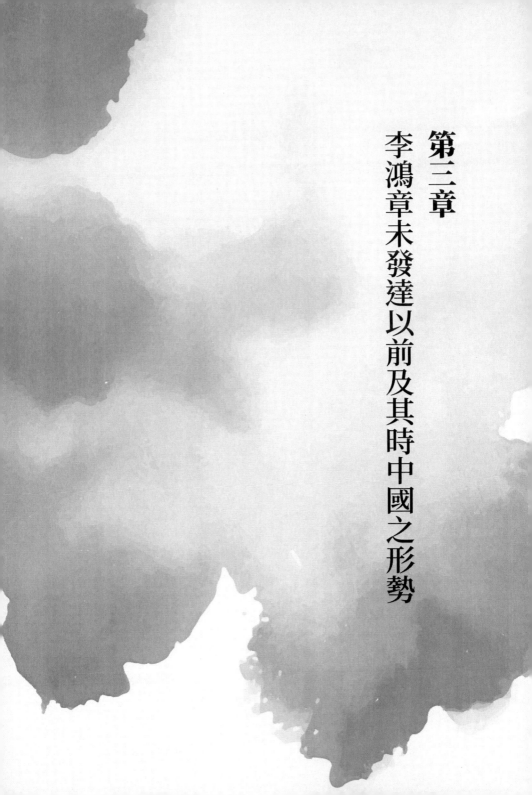

第三章　李鴻章未發達以前及其時中國之形勢

一、李鴻章之家世

李鴻章，字漸甫，號少荃，安徽廬州府合肥縣人。父名進文，母沈氏，有子四人，瀚章官至兩廣總督，鶴章、昭慶，皆從軍有功。鴻章其仲也，生於道光三年癸未（西曆一千八百二十三年）正月五日。幼受學於尋常塾師，治帖括業，年二十五，成進士，入翰林，實道光二十七年，丁未也。

二、歐力東漸之勢

李鴻章之初生也，值法國大革命之風潮已息，絕世英雄拿破崙竄死於絕域之孤島。西歐大陸之波瀾，既已平復，列國不復自相侵掠，而唯務養精蓄銳，以肆志於東方。於是數千年一統垂裳之中國，遂日以多事。伊犁界約，與俄人違言於北；鴉片戰役，與英人肇釁於南。當世界多事之秋，正舉國需才之日，加以瓦特氏新發明汽機之理，艨艟輪艦，沖濤跋浪，萬里縮地，天涯比鄰；蘇彝士河開鑿功成，東西相距驟近，西力東漸，奔騰澎湃，如狂飆，如怒潮，嚙岸砰崖，黯日蝕月，遏之無可遏，抗之無可抗。蓋自李鴻章有生以來，實為中國與世界始有關係之時代，亦為中國與世界交涉最艱之時代。

三、中國內亂之發生

翻觀國內之情實，則自乾隆以後，盛極而衰，民力凋敝，官吏驕橫，海內日以多事。乾隆六十年，遂有湖南、貴州紅苗之變；嘉慶元年，白蓮教起，蔓延及於五省，前後九年，（嘉慶九年）耗軍費二萬萬兩，乃僅平之。同時海寇蔡牽等，竄穴安南，侵擾兩廣閩浙諸地，大遭蹂躪，至嘉慶十五年，僅獲戡定。而天理教李文成、林清等旋起，震擾山東、直隸；陝西亦有箱賊之警。道光間又有回部張格爾之亂，邊境騷動，官軍大舉征伐，亙七年僅乃底定。蓋當嘉、道之間，國力之疲弊，民心之蠢動已甚，而舉朝醉生夢死之徒，猶覆文恬武嬉，太平歌舞，水深火熱，無所告訴，有識者固稍憂之矣。

抑中國數千年歷史，流血之歷史也。其人才，殺人之人才也。歷睹古今已往之跡，唯亂世乃有英雄，而平世則無英雄。事勢如是。至道、咸末葉，而所謂英雄者，乃始磨

第三章　李鴻章未發達以前及其時中國之形勢

刀霍霍，以待日月之至矣。蓋中國自開闢以來，無人民參與國政之例，民之為官吏所凌逼，憔悴虐政，無可告訴者，其所以抵抗之術，只有兩途，小則罷市，大則作亂，此亦情實之無可如何者也。而又易姓受命，視為故常；敗則為寇，成則為王。漢高、明太，皆起無賴，今日盜賊，明日神聖，唯強是崇，他靡所雲。以此習俗，以此人心，故歷代揭竿草澤之事，不絕於史簡。其間有承平百數十年者，不過經前次禍亂屠戮以後，人心厭亂；又戶口頓少，謀生較易；或君相御下有術，以小恩小惠徼結民望，彌縫補苴，聊安一時而已，實則全國擾亂之種子，無時間絕，稍有罅隙，即復承起。故數千年之史傳，實以膿血充塞，以肝腦塗附，此無可為諱者也。本朝既龍興關外，入主中華，以我國民自尊自大蔑視他族之心，自不能無所芥蒂，故自明亡之後，其遺民即有結為祕密黨會，以圖恢復者，二百餘年不絕，蔓延於十八行省，所在皆是。前此雖屢有所煽動，而英主繼踵，無所得逞，鬱積既久，必有所發。及道、咸以後，官吏之庸劣不足憚，既已顯著，而秕政稠疊，國恥紛來，熱誠者欲掃雰霧以立新猷，桀黠者欲乘利便以覬非分，此殆所謂勢有必至，理有固然者耶。於是一世之雄洪秀全、楊秀清、李秀成等，因之而起；於是一世之雄曾國藩、左宗棠、李鴻章等，因之而起。

四、李鴻章與曾國藩之關係

鴻章初以優貢客京師，以文學受知於曾國藩，因師事焉，日夕過從，講求義理經世之學，畢生所養，實基於是。及入翰林，未三年而金田之亂起，洪秀全以一匹夫揭竿西粵，僅二年餘，遂乃蹂躪全國之半，東南名城，相繼陷落，土崩瓦解，有岌岌不可終日之勢。時鴻章在安徽原籍，贊巡撫福濟及呂賢基軍事。時廬州已陷，敵兵分據近地，為犄角之勢。福濟欲復廬州，不能得志，鴻章乃建議，先取含山、巢縣以絕敵援。福濟即授以兵，遂克二縣。於是鴻章知兵之名始著，時咸豐四年十二月也。

當洪秀全之陷武昌也，曾國藩以禮部侍郎丁憂在籍，奉旨幫辦團練，慨然以練勁旅靖大難為己任，於是湘軍起。湘軍者，淮軍之母也。是時八旗、綠營舊兵，皆窳惰廢弛，怯懦闒冗，無所可用；其將校皆庸劣無能，闇弱失職。國藩深察大局，知非掃除而更張之，必不奏效，故延攬人才，統籌全局，堅忍刻苦，百折不撓，恢復之機，實始於是。

秀全既據金陵，驕汰漸生，內相殘殺，腐敗已甚。使當時官軍得人，以實力擣之，大難之平，指顧間事耳。無如官軍之驕汰腐敗，更甚於敵。咸豐六年，向榮之金陵大營一潰；十年，和春、張國樑之金陵大營再潰，馴至江浙相繼淪陷，敵氛更甚於初年。加以七年丁未以來，與英國開釁，當張國樑、和春陣亡之時，即英法聯軍入北京燒圓明園之日。天時人事，交侵洊逼，蓋至是而祖宗十傳之祚，不絕者如線矣。

曾國藩雖治兵十年，然所任者僅上游之事，固由國藩深算慎重，不求急效，取踏實地步節節進取之策；亦由朝廷委任不專，事權不一，未能盡行其志也。故以客軍轉戰兩湖江皖等省，其間為地方大吏掣肘失機者，不一而足，是以功久無成。及金陵大營之再潰，朝廷知舍湘軍外，無可倚重，十年四月，乃以國藩署兩江總督，旋實授，並授欽差大臣，督辦江南軍務，於是兵餉之權，始歸於一，乃得與左、李諸賢，合力以圖蘇皖江浙，大局始有轉機。

李鴻章之在福濟幕也，福嘗疏薦道員，鄭魁士沮之，遂不得授。當時謠諑紛紜，謗讟屢起，鴻章幾不能自立於鄉里，後雖授福建延邵建遺缺道，而擁虛名，無官守。及咸豐八年，曾國藩移師建昌，鴻章來謁，遂留幕中。九年五月，國藩派調湘軍之在撫州者，舊部四營，新募五營，使弟國荃統領之，赴景德鎮助剿，而以鴻章同往參贊。江西肅清後，復隨曾國藩大營兩年有奇。十年，國藩督兩江，議興淮揚水師，請補鴻章江北司道，未行。復薦兩淮運使，疏至，文宗北行，不之省。是時鴻章年三十八，懷才鬱抑，撫髀蹉跎者，既已半生，自以為數奇，不復言祿矣。嗚呼！此天之所以厄李鴻章歟？抑天之所以厚李鴻章歟？彼其偃蹇顛沛十餘年，所以練其氣，老其才，以為他日擔當大事之用；而隨贊曾軍數年中，又鴻章最得力之實驗學校，而終身受其用者也。

第四章
兵家之李鴻章（上）

第四章　兵家之李鴻章（上）

一、李鴻章之崛起與淮軍之成立

秦末之亂，天下紛擾，豪傑雲起，及項羽定霸後，而韓信始出現；漢末之亂，天下紛擾，豪傑雲起，及曹操定霸後，而諸葛亮始出現。自古大偉人，其進退出處之間，天亦若有以靳之，必待機會已熟，持滿而發，莫或使之，若或使之。謝康樂有言：「諸公生天雖在靈運先，成佛必居靈運後。」吾觀中興諸大臣，其聲望之特達，以李鴻章為最遲，而其成名之高，當國之久，亦以李鴻章為最盛。事機滿天下，時勢造英雄，李鴻章固時代之驕兒哉！

二、當時官軍之弱及餉源之竭　江浙兩省得失之關係

當咸豐六、七年之交，敵氛之盛，達於極點，而官軍凌夷益甚，廟算動搖無定，各方面大帥互相猜忌，加以軍需缺乏，司農仰屋，唯恃各省自籌餉項，支支節節，彌東補西，以救一日之急。當此之時，雖有大忠雄才，其不能急奏膚功，事理之易明也。於是

乎出萬不得已之策，而採用歐美軍人助剿之議起。

先是洪、楊既據南京，蹂躪四方，十八行省，無一寸乾淨土，經歷十年，不克戡定。北京政府之無能力，既已暴著於天下，故英國領事及富商之在上海者，不特不目洪秀全為亂賊而已，且視之與歐洲列國之民權革命黨同一例，以文明友交待之，間或供給其軍器彈藥糧食。其後洪秀全驕侈滿盈，互相殘殺，內治廢弛，日甚一日，歐美識者，審其舉動，乃知其所謂太平天國，所謂四海兄弟，所謂平和博愛，所謂平等自由，皆不過外面之假名，至其真相，實與中國古來歷代之流寇毫無所異，因確斷其不可以定大業，於是英法美各國，皆一變其方針，咸欲為北京朝廷假借兵力，以助戡亂，具述此意以請於政府，實咸豐十年事也。而俄羅斯亦欲遣海軍小艦隊，運載兵丁若干，溯長江以助剿，俄公使伊格那面謁恭親王以述其意。

按歐美諸邦，是時新通商於中國，其必不欲中國之擾亂固也。故當兩軍相持，歷年不決之際，彼等必欲有所助以冀速定。而北京政府之腐敗，久已為西人所厭憚，其屬望於革命軍者必加厚，亦情勢之常矣。彼時歐美諸國，右投則官軍勝，左投則敵軍勝，勝敗之機，間不容髮。使洪秀全而果有大略，具卓識，內修厥政，外諳交涉，速與列國通商定約，因假其力以定中原，天下事未可知也。豎子不悟，內先腐敗，失交樹敵，終為夷戮，不亦宜乎。而李文忠等之功名，亦於此成矣。

三、常勝軍之起

時英法聯軍新破北京，文宗遠在熱河，雖和議已定，而猜忌之心猶盛，故恭親王關於借兵助剿之議，不敢專斷，一面請之於行在所，一面詢諸江南、江北欽差大臣曾國藩、袁甲三，及江蘇巡撫薛煥、浙江巡撫王有齡等，使具陳其意見。當時極力反對之，謂有百害而無一利者，唯江北欽差大臣袁甲三（袁世凱之父也）。薛煥雖不以為可，而建議雇印度兵，使防衛上海及其附近，並請以美國將官華爾、白齊文為隊長。曾國藩覆奏，其意亦略相同，謂當中國疲敝之極，外人以美意周旋，不宜拂之，故當以溫言答其助剿之盛心，而緩其出師來會之期日，一面利用外國將官，以收剿賊之實效。於是朝廷依議，謝絕助剿，而命國藩任聘請洋弁訓練新兵之事，此實常勝軍之起點，而李鴻章勛名發軔之始，大有關係者也。

華爾者，美國紐約人也，在本國陸軍學校卒業，為將官，以小罪去國，潛匿上海。當咸豐十年，洪軍蹂躪江蘇，蘇、常俱陷，上海候補道楊坊，知華爾沉毅有才，薦之於布政使吳煦。煦乃請於美領事，赦其舊罪，使募歐美人願為兵者數十人，益以中國應募者數百，使訓練之以防衛蘇、滬。其後屢與敵戰，常能以少擊眾，所向披靡，故官軍敵軍，皆號之曰「常勝軍」。常勝軍之立，實在李鴻章未到上海以前也。

今欲敘李鴻章之戰績，請先言李鴻章立功之地之形勢。

江、浙兩省，中國財賦之中堅也，無江、浙則是無天下。故爭兵要則莫如武漢，爭餉源則莫如蘇、杭，稍明兵略者所能知也。洪秀全因近來各地官軍聲勢頗振，非復如前日之所可蔑視，且安慶新克復（成豐十一年辛酉八月曾國荃克復），金陵之勢益孤，乃遣其將李秀成、李世賢等分路擾江、浙，以牽制官軍之兵力。秀成軍鋒極銳，蕭山、紹興、寧波、諸暨、杭州皆連陷，浙撫王有齡死之。江蘇城邑，擾陷殆遍，避亂者群集於上海。

安慶克復之後，湘軍聲望益高，曩者廷臣及封疆大吏，有不慊於曾國藩者，皆或死或罷，以故征剿之重任，全集於國藩之一身，屢詔敦促國藩，移師東指，規復甦、常、杭失陷郡縣，五日之中，嚴諭四下。國藩既奏薦左宗棠專辦浙江軍務，而江蘇紳士錢鼎銘等，復於十月以輪船溯江赴安慶，面謁國藩，哀乞遣援，謂吳中有可乘之機而不能持久者三端：曰鄉團，曰槍船，曰內應是也；有僅完之土而不能持久者三城：曰鎮江，曰湖州，曰上海是也。國藩見而悲之，時餉乏兵單，楚軍無可分撥，乃與李鴻章議，期以來年二月濟師。

咸豐十一年十一月，有旨詢蘇帥於國藩，國藩以李鴻章對，且請酌撥數千軍，使馳赴下游，以資援勦。於是鴻章歸廬州募淮勇。既到安慶，國藩為定營伍之法，器械之用，薪糧之數，悉仿湘勇章程，亦用楚軍營規以訓練之。先是淮南迭為發捻所蹂躪，居民大困，唯合肥縣誌士張樹聲、樹珊兄弟，周盛波、盛傳兄弟，及潘鼎新、劉銘傳等，自咸豐初年，即練民團以衛鄉里，築堡壘以防寇警，故安徽全省糜爛，而合肥獨完。李鴻章之始募淮軍也，因舊團而加以精練，二張、二周、潘、劉咸從焉。淮人程學啟者，向在曾國荃部下，官至參將，智勇絕倫，國藩特選之使從鴻章，其後以勇敢善戰，名冠一時。又淮軍之初成也，國藩以湘軍若干營為之附援，而特於湘將中選一健者統之，受指揮於鴻章麾下，即郭松林是也。以故淮軍名將，數程、郭、劉、潘、二張、二周。

同治元年二月，淮軍成，凡八千人，擬溯江而下，傍賊壘沖過以援鎮江，計未決。二十八日，上海官紳籌銀十八萬兩，雇輪船七艘，駛赴安慶奉迎，乃定以三次載赴上海。三月三十日，鴻章全軍抵滬，得旨署理江蘇巡撫，以薛煥為通商大臣，專辦交涉事件（薛煥，原江蘇巡撫也）。

此時常勝軍之制，尚未整備。華爾以一客將，督五百人，守松江。是年正月，敵眾萬餘人來犯松江，圍華爾數十匝，華爾力戰破之。及鴻章之抵上海也，華爾所部屬焉，更募華人壯勇附益之，使加訓練，其各兵勇俸給，比諸湘、淮各軍加厚，自是常勝軍之用，始得力矣。

松江府者，在蘇、浙境上，提督駐紮之地，而江蘇之要沖也。敵軍圍攻之甚急，李鴻章乃使常勝軍與英法防兵合（當時英法有防兵若干，專屯上海自保租界），攻松江南之金山衛及奉賢縣；淮軍程學啟、劉銘傳、郭松林、潘鼎新諸將，攻松江東南之南匯縣。敵兵力鬥，英法軍不支退卻，嘉定縣又陷。敵乘勝欲進迫上海，程學啟邀擊大破之，南匯之敵將吳建瀛、劉玉林等開城降。川沙廳（在吳淞口南岸）敵軍萬餘又來犯，劉銘傳固守南匯，大破之，遂復川沙廳。然敵勢猶雄勁不屈，以一隊圍松江青浦，以一隊屯廣福塘橋，集於泗濱，以窺新橋。五月，程學啟以孤軍屯新橋，當巨敵之沖，連日被圍甚急。鴻章聞之，自提兵赴援，與敵軍遇於徐家匯，奮鬥破之。學啟自營中望見鴻章帥旗，遽出營夾擊，大捷，斬首三千級，俘馘四百人，降者千餘。敵軍之屯松江府外者，聞報震駭，急引北走，圍遂解，滬防解嚴。

淮軍之初至上海也，西人見其衣帽之粗陋，竊笑嗤之。鴻章徐語左右曰：「軍之良窳，豈在服制耶？須彼見吾大將旗鼓，自有定論耳。」至是歐美人見淮軍將校之勇毅，紀律之整嚴，莫不改容起敬；而常勝軍之在部下者，亦始帖然服李之節制矣。

當時曾國藩既以獨力拜討賊之大命，任重責專，無所旁貸，無所掣肘，於是以李鴻章圖蘇，左宗棠圖浙，曾國荃圖金陵。金陵，敵之根據地也，而金陵與江、浙兩省，實相須以成其雄，故非掃蕩江蘇之敵軍，則金陵不能坐困；而非攻圍金陵之敵巢，則江蘇亦不能得志。當淮軍之下滬也，曾國荃與楊載福（後改名岳斌）、彭玉麟等，謀以水陸協進，破長江南北兩岸之敵壘。

四月，國荃自太平府沿流下長江。拔金柱關，奪東梁山營寨，更進克秣陵關、三汊河、江心洲、蒲包洲。五月，遂進屯金陵城外雨花臺，實李鴻章解松江圍之力也。故論此役之戰績，當知湘軍之能克金陵殲巨敵，非曾國荃一人之功，實由李鴻章等斷其枝葉，使其餉源兵力成孤立之勢，而根幹不得不坐凋。淮軍之能平全吳奏膚功，亦非李鴻章一人之功，實由曾國荃等搗其巢穴，使其雄帥驍卒有狼顧之憂，而軍鋒不得不坐頓。東坡句云：「江山如畫，一時多少豪傑。」同治元、二年間，亦中國有史以來之一大觀矣。

四、李鴻章與李秀成之勁敵

李秀成者，李鴻章之勁敵，而敵將中後起第一人也。洪秀全之初起也，其黨中傑出之首領，曰東王楊秀清，南王馮雲山，西王蕭朝貴，北王韋昌輝，翼王石達開，當時號為「五王」。既而馮、蕭戰死於湖南，楊、韋金陵爭權，互相屠殺，石達開獨有大志，不安其位，別樹一幟，橫行湖南、江西、廣西、貴州、四川諸省，於是五王俱盡。咸豐四、五年之間，官軍最不振，而江南之敵勢亦浸衰矣。李秀成起於小卒，位次微末，當金陵割據以後，尚不過楊秀清帳下一服役童子，然最聰慧明敏，富於謀略，膽氣絕倫。故洪氏末葉，得以揚余燼篏浩劫，使官軍疲於奔命，越六七載而後定者，皆秀成與陳玉成二人之力也。玉成縱橫長江上游，起臺颶於豫、皖、湘、鄂；秀成出沒長江下口，激濤浪於蘇、杭、常、揚。及玉成既死，而洪秀全所倚為柱石者，秀成一人而已。秀成既智勇絕人，且有大度，仁愛馭下，能得士心，故安慶雖克復，而下游糜爛滋甚。自曾軍合圍雨花臺之後，而於江蘇地方及金陵方面之各戰，使李鴻章、曾國荃費盡心力，以非常之巨價，僅購得戰勝之榮譽者，唯李秀成之故。故語李鴻章者，不可不知李秀成。

五、淮軍平吳之功

李鴻章自南匯一役以後，根基漸定，欲與金陵官軍策應，牽制敵勢，遂定進攻之策。是歲七月，使程學啟、郭松林等急攻青浦縣城，拔之；並發別軍駕汽船渡海攻浙江紹興府之餘姚縣，拔之。八月，李秀成使譚紹洸擁眾十餘萬犯北新涇（江蘇地，去上海僅數里），劉銘傳邀擊大破之，敵遂退保蘇州。

其月，淮軍與常勝軍共入浙江，攻慈溪縣，克之。是役也，常勝軍統領華爾奮戰先登，中彈貫胸卒，遺命以中國衣冠斂。美國人白齊文代領常勝軍。

是歲夏秋之變，江南癘疫流行，官軍死者枕藉。李秀成乘之欲解金陵之圍，乃以閏八月選蘇州、常州精兵十餘萬赴金陵，圍曾國荃大營，以西洋開花大砲數十門，併力轟擊，十五晝夜，官軍殊死戰，氣不稍挫。九月，秀成復使李世賢自浙江率眾十餘萬合圍金陵，攻擊益劇。曾國藩聞報，大憂之，急徵援於他地。然當時江、浙及江北各方面之官軍，皆備有直接之責任，莫能赴援。此役也，實軍興以來，兩軍未曾有之劇戰也。當時敵之大軍二十餘萬，而官軍陷於重圍之中者不過三萬餘，且將卒病死戰死及負傷者殆過半焉，而國荃與將士同甘苦，共患難，相愛如家人父子，故三軍樂為效死，所以能抗十倍之大敵以成其功也。秀成既不能拔，又以江蘇地面官軍之勢漸振，恐江蘇失而金陵亦不能獨全，十月，遂引兵退，雨花臺之圍乃解。

案自此役以後，洪秀全之大事去矣。夫屯兵於堅城之下，兵家所大忌也。向榮、和春，既兩度以此致敗，故曾文正甚鑒之，甚慎之。曾忠襄之始屯雨花臺，文正屢戒焉。

及至此役，外有十倍強悍之眾，內有窮困決死之寇，官軍之危，莫此為甚。乃敵軍明知官軍之寡單如此，其瘡痍又如彼，而卒不敢肉薄突入，決一死命，以徼非常之功於俄頃，而顧虧此一簣，忽焉引去，遂致進退失據，隨以滅亡，何也？蓋當時敵軍將帥，富貴已極，驕侈淫佚，愛惜生命，是以及此，此亦官軍所始念不及也。曾文正曰：「凡軍最忌暮氣。當道、咸之交，官軍皆暮氣，而賊軍皆朝氣。及同治初元，賊軍皆暮氣，而官軍皆朝氣。得失之林，皆在於是。」諒哉言乎！以李秀成之賢，猶且不免，若洪秀全者，塚中枯骨，更何足道。所謂「滅六國者六國也，非秦也；族秦者秦也，非天下也」。殷鑒不遠，有志於天下者，其可以戒矣。洪秀全以市井無賴，一朝崛起，不數歲而蹂躪天下之半，不能以彼時風馳雲卷，爭大業於汗馬之上，遂乃苟安金陵，視為安樂窩，潭潭府第，真陳涉之流亞哉！株守一城，坐待圍擊。故向榮、和春之潰，非洪秀全自有可以不亡之道，特其所遇之敵，亦如唯與阿，相去無幾，故得以延其殘喘雲爾。嗚呼！洪秀全興廢之間，天耶？人耶？君子曰：人也！

又案此役為湘淮諸將立功之最大關鍵。非圍金陵，則不能牽江、浙之敵軍，而李文忠新造之軍，難遽制勝；非攻江、浙，則不能解金陵之重圍，而曾忠襄久頓之軍，無從保全。讀史者不可不於此著眼焉。

李秀成之圍金陵也，使其別將譚紹洸、陳炳文留守蘇州。九月，紹洸等率眾十餘萬，分道自金山、太倉而東。淮軍諸將防之，戰於三江口、四江口，互有勝敗。敵復沿運河設屯營，亙數十里，駕浮橋於運河及其支流，以互相往來，進攻黃渡，圍四江口之官軍甚急。九月廿二日，鴻章部署諸將，攻其本營。敵強悍善戰，淮軍幾不支，劉銘傳、郭松林、程學啟等身先士卒，揮劍奮鬥，士氣一振，大破之，擒斬萬餘人，四江口之圍解。

常勝軍統領華爾之死也，白齊文以資格繼其任。白氏之為人，與華氏異，蓋權謀黠猾之流也。時見官軍之窘蹙，乃竊通款於李秀成，十月，謀據松江城為內應，至上海脅迫道臺楊坊，要索軍資巨萬，不能得，遂毆打楊道，掠銀四萬兩而去。事聞，李鴻章大怒，立與英領事交涉，黜白齊文，使償所攫金，而以英國將官戈登代之，常勝軍始復為用，時同治二年二月也。此實為李鴻章與外國辦交涉第一事。其決斷強硬之概，論者韙之。

白齊文黜後，欲殺之，而為美領事所沮，遂放之。復降於李秀成，為其參謀，多所策畫，然規模狹隘，蓋勸秀成棄江、浙，斬其桑茶，毀其廬舍，而後集兵力北向，據秦晉齊豫中原之形勢，以控制東南，其地為官軍水師之力所不及，可成大業雲雲。秀成不聽。白齊文又為敵軍購買軍械，竊掠汽船，得新式炮數門，獻之秀成，以故蘇州之役，官軍死於寶帶橋者數百人。其後不得志於秀成，復往漳州投賊中，卒為郭松林所擒死。

先是，曾國藩獲敵軍諜者，得洪秀全與李秀成手諭，謂湖南北及江北，今正空虛，使李秀成提兵二十萬，先陷常熟，一面攻揚州，一面窺皖、楚。國藩乃馳使李鴻章使先發制之，謂當急取太倉州以擾常熟，牽制秀成，使不得赴江北。鴻章所見適同。同治二年二月，乃下令常熟守將，使死守待援，而遣劉銘傳、潘鼎新、張樹珊率所部駕輪船赴福山，與敵數十戰，皆捷。別遣程學啟、李鴻章攻太倉、崑山縣，以分敵勢，而使戈登率常勝軍與淮軍共攻福山，拔之，常熟圍解。三月，克復太倉、崑山，擒敵七千餘，程學啟之功最偉，戈登自此益敬服學啟焉。

五月，李秀成出無錫，與五部將擁水陸兵數十萬，圖援江陰，據常熟。李鴻章遣其弟鶴章及劉銘傳、郭松林等分道御之。銘傳、松林與敵之先鋒相遇，擊之，獲利，然敵勢太盛，每戰死傷相當。時敵築連營於運河之涯，北自北漍，南至張涇橋，東自陳市，西至長壽，縱橫六七十里，壘堡百數，皆扼運河之險，盡毀橋樑，備炮船於河上，水陸策應，形勢大熾。

鶴章與銘傳謀，潛集材木造浮橋，夜半急渡河襲敵，破敵營之在北漍者三十二。郭松林亦進擊力戰，破敵營之在南者三十五。周盛波之部隊，破敵營之在麥市橋者二十三。敵遂大潰，死傷數萬，河為不流，擒其酋將百餘人，馬五百匹，船二十艘，兵器彈藥糧食稱是。自是顧山以西無敵蹤，淮軍大振。六月，吳江敵將望風降。

程學啟率水陸萬餘人，與銘傳謀復甦州。進破花涇港，降其守將，屯滙亭。七月，李鴻章自將，克復太湖廳，向蘇州進發，先使銘傳攻江陰。敵之驍將陳坤書，與湖南、湖北、山東四大股十餘萬眾，併力來援。鴻章、銘傳親覘敵勢，見其營壘大小棋列，西自江濱，東至山口，乃定部署猛進攻之。敵抵抗甚力，相持未下。既而城中有內變者，開門納降，江陰復。

時程學啟別屯蘇州附近，連日力戰，前後凡數十捷，敵壘之在寶帶橋、五龍橋、蠡口、黃埭、滸關、王瓜涇、十里亭、虎邱、觀音廟者十餘處，皆陷。而郭松林之軍，亦大捷於新塘橋，斬偽王二名，殺傷萬餘人，奪船數百艘，敵水軍為之大衰。李秀成痛憤流涕，不能自勝。自是淮軍威名震天下。

敵軍大挫後，李秀成大舉圖恢復，使其部將糾合無錫、溧陽、宜興等處眾八萬餘，船千餘只，出運河口，而自率精銳數千據金匱援蘇州，互相策應，與官軍連戰，互有勝敗。十月十九日（二年），李鴻章親督軍，程學啟、戈登為先鋒，進迫蘇州城，苦戰劇烈，遂破其外郭。秀成及譚紹洸等引入內城，死守不屈。既而官軍水陸並進，合圍三面，城中糧盡，眾心疑懼。其裨將郜雲官等，猜疑攜貳，遂通款於程學啟，乞降。於是學啟與戈登親乘輕舸造城北之陽澄湖，與雲官等面訂降約，使殺秀成、紹洸以獻，許以二品之賞，戈登為之保人，故雲官等不疑。然卒不忍害秀成，乃許斬紹洸而別。

李秀成微覺其謀，然事已至此，無可奈何，乃乘夜出城去（十月廿三夜）。廿四日，譚紹洸以事召雲官於帳中，雲官乃與驍將汪有為俱見紹洸，即刺殺之，並掩擊其親軍千餘人，遂開門降。廿五日，雲官等獻紹洸首，請程學啟入城驗視。其降酋之列銜如下：

一、納王郜雲官

二、比王伍貴文

三、康王汪安均

四、寧王周文住

五、天將軍范起發

六、天將軍張大洲

七、天將軍汪環武

八、天將軍汪有為

當時此八將所部兵在城中者尚十餘萬人，聲勢洶洶。程學啟既許以總兵副將等職，至是求如約。學啟細察此八人，謂狼子野心，恐後不可制，乃與李鴻章密謀，設宴大饗彼等於坐艦，號炮一響，伏兵起而駢戮之，並殺餘黨之強禦者千餘，餘眾俱降，蘇州定。鴻章以功加太子少保。

先是八酋之降也，戈登實為保人。至是聞鴻章之食言也，大怒，欲殺鴻章以償其罪，自攜短銃以覓之。鴻章避之，不敢歸營。數日後，怒漸解，乃止。

案李文忠於是有慚德矣。夫殺降已為君子所不取，況降而先有約，且有保人耶？故此舉有三罪焉：殺降背公理一也；負約食言二也；欺戈登負友人三也。戈登之切齒痛恨，至欲剚刃其腹以泄大忿，不亦宜乎？雖彼鑒於苗沛霖、李世忠故事，其中或有所大不得已者存，而文忠生平好用小智小術，亦可以見其概矣。

蘇州之克復，實江南戡定第一關鍵也。先是曾國荃、左宗棠、李鴻章，各以孤軍東下，深入重地，彼此不能聯絡策應，故力甚單而勢甚危。蘇州之捷，李鴻章建議統籌全局，欲乘勝進入浙地，與曾、左兩軍互相接應，合力大舉，是為官軍最後結果第一得力之著。十一月，劉銘傳、郭松林、李鴻章進攻無錫，拔之，擒斬其將黃子澄父子。於是鴻章分其軍為三大部隊，其（甲）隊，自率之；（乙）隊，程學啟率之，入浙，拔平湖、乍浦、澉浦、海鹽、嘉善，迫嘉興府。左宗棠之軍（浙軍），亦進而與之策應，入杭州界，攻餘杭縣，屢破敵軍；（丙）隊，劉銘傳、郭松林等率之，與常勝軍共略常州，大捷，克復宜興、荊溪，擒敵將黃靖忠。鴻章更使郭松林進攻溧陽，降之。

六、江蘇軍與金陵軍、浙江軍之關係　金陵之克復

時敵將陳坤書，有眾十餘萬，據常州府，張其翼以擣官軍之後背。李鴻章與劉銘傳當之，敵軍太盛，官軍頗失利。坤書又潛兵遷入江蘇腹地，出沒江陰、常熟、福山等

縣，江陰、無錫戒嚴，江蘇以西大震。李鴻章乃使劉銘傳獨當常州方面，而急召郭松林棄金壇，晝夜疾赴，歸援蘇州。又使李鶴章急歸守無錫，楊鼎勛、張樹聲率別軍扼江陰之青陽、焦陰，斷敵歸路。

時敵軍圍常熟益急，苦戰連日，僅支。又並圍無錫，李鴻章嬰壁固守幾殆。數日，郭松林援軍至，大戰破敵，圍始解。松林以功授福山鎮總兵。

先是程學啟圍嘉興（此年正月起）極急，城中守兵鋒銳相當，兩軍死傷枕藉。二月十九日，學啟激勵將士，欲速拔之，躬先陷陣，越浮橋，肉薄梯城。城上敵兵死守，彈丸如雨，忽流彈中學啟左腦僕，部將劉士奇見之，立代主將督軍，先登入城，士卒怒憤，勇氣百倍。而潘鼎新、劉秉璋等，亦水陸交進，遂拔嘉興。

程學啟被傷後，臥療數旬，遂不起，以三月十日卒，予謚忠烈。李鴻章痛悼流涕。

嘉興府之克復也，杭州敵焰大衰，遂以二月二十三日（十九嘉興克復），敵大隊乘夜自北門脫出。左軍以三月二日入杭州城，至是蘇軍（李軍）與浙軍（左軍）之聯絡全通，勢始集矣。

程學啟之卒也，鴻章使其部將王永勝、劉士奇分領其眾，與郭松林會，自福山鎮進擊沙山，連戰破之，至三河口，斬獲二萬人。鴻章乃督諸軍合圍常州，使劉銘傳擊其西北，破之；郭松林攻陳橋渡大營，破之；張樹聲、周盛波、鄭國槐等襲河邊敵營廿餘，皆破之。敗軍潰走，欲還入城，陳坤書拒之，故死城下者不可勝數。三月廿二日，李軍進迫常州城，以大砲及炸藥轟城，城崩數十丈。選死士數百人，梯以登，陳坤書驍悍善戰，躬率悍卒出戰拒之，修補缺口，官軍死者數百人。鴻章憤怒，督眾益治攻具，築長圍，連日猛攻，兩軍創巨相當。經十餘日，李鴻章自督陣，劉銘傳、郭松林、劉士奇、王永勝等，自先士卒，奮戰登城，敵始亂。陳坤書猶不屈，與其將費天將共率悍黨，叱吒巷戰，松林遂力戰擒坤書，天將亦為盛波所擒。銘傳大呼傳令，投兵器降者赦之，立降萬餘。官軍死者亦千數。常州遂復，時四月六日也。至是江蘇軍（李軍）與金陵軍（曾軍）之聯絡全通，江蘇全省中，除金陵府城內，無一敵蹤矣。自同治元年壬戌春二月，李鴻章率八千人下上海，統領淮軍、常勝軍，轉鬥各地，大小數十戰，始於松江，終於嘉興、常州，凡兩週歲，至同治三年甲子夏四月，平吳功成。

案李鴻章平吳大業，固由淮軍部將驍勇堅忍，而其得力於華爾、戈登者實多。不徒常勝軍之戰勝攻取而已，當時李秀成智勇絕倫，軍中多用西式槍炮，程、劉、郭、周、張、潘諸將雖善戰，不過徒恃天禀之勇謀，而未曉新法之作用，故淮軍初期，與敵相遇，屢為所苦。李鴻章有鑒於是，故諸將之取法常勝軍利用其器械者亦不少焉。而左宗棠平浙之功，亦得力於法國將官托格比、吉格爾之徒甚多。本朝之絕而復續，蓋英法人大有功焉。彼等之意，欲藉以永保東亞和平之局，而為商務之一樂園也，而豈料其至於今日，猶不先自振，而將來尚恐不免有光榮革命在其後乎。

先是曾國荃軍水陸策應，圍金陵既已二稔，至甲子正月，拔鐘山之石壘。敵失其險，外圍始合，內外不通，糧道已絕，城中食盡。洪秀全知事不可為，於四月二十七日飲藥死，諸將擁立其子洪福。當時官軍尚未之覺，朝旨屢命李鴻章移江蘇得勝之師助剿金陵。曾國荃以為城賊既疲，糧彈俱盡，殲滅在即，恥借鴻章之力。而李鴻章亦不願分曾之功，深自抑退，乃託言盛暑不利用火器，固辭不肯進軍。朝廷不喻鴻章之旨，再三敦促，國荃聞之，憂憤不自勝，乃自五月十八日起，日夜督將士猛攻地保城（即龍膊子山陰之堅壘，險要第一之地也），遂拔之。更深穿道地，自五月三十至六月十五，隧道十餘處皆成，乃嚴戒城外各營，各整戰備，別懸重賞募死士，約乘缺以先登。

時李秀成在金陵，秀全死後，號令一出其手。秀成知人善任，恩威並行，人心服之，若子於父。五月十五日，秀成自率死士數百人，自太平門缺口突出；又別遣死士數百，冒官兵服式，自朝陽門突出，沖入曾營，縱火嘩噪。時官軍積勞疲憊，戰力殆盡，驟遇此警，幾於瓦解獸散，幸彭毓橘諸將率新兵馳來救之，僅乃獲免。

六月十六日，正午，隧道內所裝火藥爆裂，萬雷轟擊，天地為動，城壁崩壞廿餘丈。曾軍將叱吒奮登，敵兵死抗，彈丸如雨，外兵立死者四百餘人。眾益奮發，踐屍而過，遂入城。李秀成至是早決死志，以所愛駿馬贈幼主洪福，使出城遁，而秀成自督兵巷戰，連戰三日夜，力盡被擒。敵大小將弁戰死焚死者三千餘人，城郭宮室連燒三日不絕。城中兵民久隨洪氏者男女十餘萬人，無一降者。自咸豐三年癸丑，秀全初據金陵，至是凡十二年始平。

案李秀成真豪傑哉！當存亡危急之頃，滿城上下，命在旦夕，猶能驅役健兒千數百，突圍決戰，幾殲敵師，五月十五日之役，曾軍之不亡，天也。及城已破，復能以愛馬救幼主，而慷慨決死，有國亡與亡之志，雖古之大臣儒將，何以過之？項羽之烏騅不逝，文山之漆室無靈，天耶人耶？吾聞李秀成之去蘇州也，蘇州之民，男女老幼，莫不流涕。至其禮葬王有齡，優恤敗將降卒，儼然有文明國戰時公法之意焉。金陵城中十餘萬人，無一降者，以視田橫之客五百人，其志同，其事同，而魄力之大，又百倍之矣，此有史以來戰爭之結局所未曾有也。使以秀成而處洪秀全之地位，則今日之域中，安知為誰家之天下耶！秀成之被擒也，自六月十七日至十九日凡三日間，在站籠中慷慨吮筆，記述數萬言，雖經官軍刪節，不能備傳，而至今讀之，猶凜凜有生氣焉。嗚呼！劉興罵項，成敗論人，今日復誰肯為李秀成揚偉業發幽光者？百年而後，自有定評，後之良史，豈有所私？雖然，物競天擇，適者生存，曾、左、李亦人豪矣。

金陵克復，論功行賞，兩江總督曾國藩，加太子太保銜，封世襲一等侯；浙江巡撫曾國荃、江蘇巡撫李鴻章，皆封世襲一等伯。其餘將帥恩賞有差。國荃之克金陵也，各方面諸將，咸嫉其功，誹謗讒言，蜂起交發，雖以左宗棠之賢，亦且不免，唯李鴻章無間言，且調護之功甚多云。

案此亦李文忠之所以為文也。詔會剿而不欲分人功於垂成，及事定而不懷嫉妒於薦主，其德量有過人者焉，名下無虛，非苟焉已耳。

第五章

兵家之李鴻章（下）

一、捻亂之猖獗

金陵克復，兵氣半銷，雖然，捻亂猶在，憂未歇也。捻之起也，始於山東遊民。及咸豐三年，洪秀全陷安慶、金陵，安徽全省大震，捻黨乘勢，起於宿州、亳州、壽州、蒙縣諸地，橫行皖、齊、豫一帶，所到掠奪，官軍不能制。其有奉命督師者，輒被逆擊，屢敗衄，以故其勢益猖。及咸豐七年冬，其遊騎遂擾及直隸之大名府等地，北京戒嚴。

人	官	任官年分	屯駐地
善　祿	河南提督	咸豐三年	永城縣
周天爵	欽差大臣	同	宿州
呂賢基	工部左侍郎	同	安徽
陸應穀	河南巡撫	同	開封府
舒興阿	欽差大臣	同	宿州 （周天爵卒，代之）
袁甲三	陝甘總督	同	陳州

今將捻亂初起以迄李鴻章督師以前，迭次所派平捻統帥，列表如下：

英　桂	河南巡撫	同　四年	開封府
武隆額	安徽提督	同　五年	亳州
勝　保	欽差大臣	同　七年	督江北軍
史榮春	提督	同　八年	曹州、兗州
田在田	總兵	同	同
邱聯恩	同	同	鹿邑
朱連泰	同	同	亳州
傅振邦	同	同　九年	宿州
伊興額	都統	同	同
關　保	協領	同	督河南軍
德楞額	同	同	曹州
勝　保	都統欽差大臣	同　十年	督河南軍， 關保副之
穆騰阿	副都統	同	安徽（副袁甲三）
毛昶照	團練大臣	同	河南
僧格林沁	蒙古親王	同	
曾國藩	欽差大臣	同治三年	

第五章　兵家之李鴻章（下）

庚申之役，文宗北狩熱河，捻黨乘之，侵入山東，大掠濟寧。德楞額與戰，大敗，始以蒙古科爾沁親王僧格林沁督師追躡諸捻，號稱驍勇。同治二年，發黨諸酋陳得才、藍成昌、賴汶洸等合於捻，捻酋張總愚、任柱、牛落江、陳大喜等各擁眾數萬，出沒於山東、河南、安徽、湖北各州縣，來往倏忽，如暴風疾雨，不可捉摸，官軍疲於奔命。同治三年九月，捻黨一股入湖北，大掠襄陽、隨州、京山、德安、應山、黃州、蘄州等處，舒保戰死，僧王之師屢潰。僧王之為人，勇悍有餘而不學無術，軍令太不整肅，所至淫掠殘暴，與發捻無異，以故湖北人民大失望。

其時金陵新克復，餘黨合於捻者數萬人，又轉入河南、山東，掠城市。四年春，僧王銳意率輕騎追逐其酋，一日夜馳三百里，至曹州，部下多怨叛。四月廿五日，遂中捻首之計，大敗，力戰墮馬死，朝廷震悼。忽以曾國藩為欽差大臣，督辦直隸、山東、河南軍務，而命李鴻章署理兩江總督，為國藩糧運後援。

二、李鴻章以前平捻諸將之失機

先是官軍之剿捻也，唯事追躡，勞而無功，間講防堵，則彌縫一時耳。要之，無論為攻為守，非苟且姑息以養敵鋒，則躁進無謀以鈍兵力，未嘗全盤打算，立一定之方略，以故勞師十五年，而無所成。自曾國藩受事以後，始畫長圍圈制之策，謂必蹙敵一隅，然後可以聚殲。李鴻章稟承之，遂定中原。

三、曾、李平捻方略

曾國藩，君子人也，常兢兢以持盈保泰急流勇退自策厲。金陵已復，素志已償，便汲汲欲自引退。及僧王之亡，捻氛迫近京畿，情形危急，國藩受命於敗軍之際，義不容辭，遂強起就任。然以為湘軍暮氣漸深，恐不可用，故漸次遣撤，而唯用淮軍以赴前敵。蓋國藩初拜大命之始，其意欲虛此席以待李鴻章之成功，蓋已久矣。及同治五年十二月，遂以疾辭，而李鴻章代為欽差大臣，國藩回江督本任，籌後路糧餉。

鴻章剿捻方略，以為捻賊已成流寇，逼之不流，然後會師合剿，乃為上策。明孫傳庭謂剿流寇當驅之於必困之途，取之於垂死之日，如但一彼一此，爭勝負於矢石之間，即勝亦無關於蕩平。鴻章即師此意。故四年十一月，曾奏稱須蹙之於山深水復之處，棄地以誘其入，然後合各省之兵力，三四面圍困之。後此大功之成，實由於是。

四、東捻之役

其年五月，任柱、賴汶洸等大股深入山東。鴻章命潘鼎新、劉銘傳盡力追躡，欲蹙之於登萊海隅，然後在膠萊咽喉，設法扼逼，使北不得竄入畿疆，南不得蔓延淮南。六月，親督師至濟寧，相度形勢，以為任、賴各股，皆百戰之餘，兼遊兵散勇裹脅之眾，狡猾剽悍，未可易視，若兵力未足兜圍，而迫之過緊，畫地過狹，使其窺破機關，勢必急圖出竄，稍縱即逝，全局又非。於是定策先防運河以杜出路，次扼膠萊以斷咽喉。乃東撫丁寶楨，一意欲驅賊出境，於鴻章方面頗多齟齬。七月，敵軍突撲濰河，東省守將王心安方駐防戴廟，任敵偷渡，而膠萊之防遂潰。是時蜚謗屢起，朝廷責備綦嚴，有罷運防之議。鴻章覆奏，以為運河東、南、北三面，賊氛來往竄擾，官軍分路兜逐，地方雖受蹂躪，然受害者不過數府縣之地；驅過運西，則數省流毒無窮，同是疆土，同是赤子，而未便歧視也。乃堅持前議，不少變。十月十三日，劉銘傳在安邱、濰縣之交，大戰獲勝。二十四日，追至贛榆，銘傳與馬步統將善慶力戰，陣斃任柱，於是東捻之勢大衰。

二十八日，潘鼎新海州上莊一戰，斃悍賊甚夥。十一月十二日，劉銘傳、唐仁廉等在濰縣、壽光抄擊一晝夜，敵眾心攜，投降遂多。郭松林、楊鼎勛、潘鼎新繼之，無戰不捷。至二十九日，銘傳、松林、鼎勛等，追躡七十里，至壽光彌河間，始得接仗，戰至數十回合，又追殺四十餘里，斬獲幾三萬人，敵之精銳器械騾馬輜重拋盡。鴻章奏報中，謂「軍士回老營者，臣親加拊慰，皆饑憊勞苦，面無人色」雲。賴汶洸在彌河敗後，落水未死，復糾合千餘騎，衝出六塘河防。黃翼升、劉秉璋、李昭慶等，水陸馬步，銜尾而下，節節追剿，只剩數百騎，逼入高室水鄉。鴻章先派有統帶華字營淮勇之吳毓蘭，在揚州運河扼守，諸軍戮力，前截後追。十二月十一日，毓蘭生擒汶洸，東捻悉平，東、蘇、皖、豫、鄂五省，一律肅清。

鴻章奏捷後，附陳所屬諸軍剿捻以來，馳逐數省，轉戰終年，日行百里，忍饑耐寒，憂讒畏譏，多人生未歷之苦境。劉銘傳、劉秉璋、周盛波、潘鼎新、郭松林、楊鼎勛，皆迭乞開缺，請稍為休養，勿調遠役；並以劉銘傳積勞致病，代為請假三月。乃七年正月，西捻張總愚大股，忽由山右渡河北竄，直逼畿輔，京師大震。初七初八日疊奉寄諭飭催劉銘傳、善慶等馬步各營，迅赴河北進剿。鴻章以銘傳疲病，正在假期，不忍遽調，乃率周盛波、盛傳馬步十一營，潘鼎新鼎字全軍，及善慶溫德克勒西馬隊，陸續進發，由東阿渡河，飭郭松林、楊鼎勛整飭大隊，隨後繼進。

五、西捻之役

西捻之役，有較東捻更難圖功者，一則黃河以北，平坦千里，無高山大河以限之。張總愚狡猾知兵，竄擾北地平原，擄馬最多，飆忽往來，瞬息百里，欲設長圍以困之，然地勢不合，羅網難施，且彼鑒於任、賴覆轍，一聞圍扎，立即死力沖出，不容官軍間暇，次第施工，此一難也。二則淮軍全部，皆屬南人，渡河以北，風氣懸殊，南勇性情口音，與北人均不相習，且穀食麵食，習慣不同，而馬隊既單，麩料又缺，此二難也。鴻章乃首請飭行堅壁清野之法，以為「前者任、賴捻股，流竄中原數省，畏墟寨甚於畏兵。豫東、淮北，民氣強悍，被害已久，逐漸添築墟寨，到處與城池相等，故捻逆一過即走，不能久停。近年唯湖北、陝西被擾最甚，以素無墟寨，籌辦不及，賊得盤旋飽掠，其勢愈張。直、晉向無捻患，民氣樸懦，未能築寨自守。張總愚本極狡猾，又系窮寇，南有黃河之阻，必致縱橫馳突，無處不流，百姓驚徙蹂躪，詎有已時，可為浩嘆。（中略）自古用兵，必以彼此強弱饑飽為定衡，賊未必強於官軍，但彼馬多而我馬少，自有不相及之勢；彼可隨地擄糧，我須隨地購糧，賊常飽而兵常饑，又有不能及之理。今欲絕賊糧，斷賊馬，唯有苦勸嚴諭河北紳民，趕緊堅築墟寨，一有警信，收糧草牲畜於內，既自固其身家，兼以制賊死命」雲雲。西捻之平，實賴於是。

四月，奏請以劉銘傳總統前敵各軍，溫旨敦促起行，使淮軍與直、東民團，沿黃河運河，築長牆浚濠以蹙敵。揀派各軍，輪替出擊，更番休息，其久追疲乏須暫休息之軍，即在運河東岸擇要屯駐，俟敵竄近，立起迎擊，以剿為防。又派張曜、宋慶分扎夏津、高唐一帶，程文炳扎陵縣、吳橋一帶，為運防遮護。左宗棠亦派劉松山、郭寶昌等軍，自連鎮北至滄州一帶減河東岸分扎，與楊鼎勛等軍就近策應，佈置略定，然後進剿。

五月，捻股竄向西北，各軍分投攔擊，疊次獲勝。鴻章乃趁黃河伏泛盛漲時，縮地圍扎，以運河為外圈，而就恩縣、夏津、高唐之馬頰河，截長補短，劃為裡圈，逼賊西南，層層佈置。五六月間，各軍迭次大捷，敵勢蹙衰，降散漸多。六月十九至二十二等日，乘勝尾追，每戰皆捷。二十三日，張總愚涉水向西南逃竄。二十四日，由平原向高唐。二十五日，潘鼎新追百二十里，冒雨至高唐。敵已向博平、清平一帶，圖撲運河，而官軍早於馬頰河西北岸築長牆數百里，足限戎馬。敵方詗知已入彀中，竄地愈狹，死期近矣。是時各軍已久追疲乏，鴻章乃派劉銘傳生力馬軍助戰，軍勢大振。二十八日，將敵圈在徒駭、黃、運之間，銘傳調集馬步迎擊，追剿數里，值郭松林東來馬步全軍，攔住去路，又兼河道分歧，水溜泥陷，劉、郭兩軍馬隊五六千人，縱橫合擊，擒斬無算，張總愚僅帶數十騎北逃，旋自沉於河以死，西捻肅清，中原平。八月，李鴻章入覲京師。

鴻章之用兵也，謀定後動，料敵如神，故在軍中十五年，未嘗有所挫衄。雖曰幸運，亦豈不以人事耶！其剿發也，以區區三城之立足地，僅一歲而蕩平全吳；其剿捻也，以十餘年剽悍之勁敵，群帥所束手無策者，亦一歲而殲之，蓋若有天授焉。其待屬將也，皆以道義相交，親愛如骨肉，故咸樂為用命，真將將之才哉！雖然，李鴻章兵事之生涯，實與曾國藩相終始，不徒薦主之感而已。其平吳也，由國藩統籌大局，肅清上流，曾軍合圍金陵，牽掣敵勢，故能使李秀成疲於奔命，有隙可乘。其平捻也，一承國藩所定方略，而所以千里饋糧，士有宿飽者，又由有良江督在其後，無狼顧之憂也。不寧唯是，鴻章隨曾軍數年，砥礪道義，練習兵機，蓋其一生立身行己耐勞任怨堅忍不拔之精神，與其治軍馭將推誠布公團結士氣之方略，無一不自國藩得之。故有曾國藩，然後有李鴻章，其事之如父母，敬之如神明，不亦宜乎！

第六章
洋務時代之李鴻章

第六章　洋務時代之李鴻章

一、洋務之治績

「洋務」二字，不成其為名詞也。雖然，名從主人，為李鴻章傳，則不得不以「洋務」二字總括其中世二十餘年之事業。李鴻章所以為一世俗儒所唾罵者以洋務，其所以為一世鄙夫所趨重者亦以洋務，吾之所以重李責李而為李惜者亦以洋務。謂李鴻章不知洋務乎？中國洋務人士，吾未見有其比也。謂李鴻章真知洋務乎？何以他國以洋務興，而吾國以洋務衰也？吾一言以斷之，則李鴻章坐知有洋務，而不知有國務，以為洋人之所務者，僅於如彼雲雲也。今試取其平定發捻以後，日本戰事以前，所辦洋務各事，列表如下：

設外國語言文字學館於上海	同治二年正月
設江南機器製造局於上海	同　四年八月
設機器局於天津	同　九年十月
籌通商日本並派員往駐	同　九年閏十二月
擬在大沽設洋式砲台	同　十年四月
挑選學生赴美國肄業	同　十一年正月
請開煤鐵礦	同　十一年五月
設輪船招商局	同　十一年十一月

籌辦鐵甲兵船	光緒元年十一月
請遣使日本	同　同
請設洋學局於各省，分格致、測算、輿圖、火輪機器、兵法、炮法、化學、電學諸門，擇通曉時務大員主之，並於考試功令稍加變通，另開洋務進取一格	光緒元年十二月
派武弁往德國學水陸軍械技藝	同　二年三月
派福建船政生出洋學習	同　年十一月
始購鐵甲船	同　年二月
設水師學堂於天津	同　年七月
設南北洋電報	同　年八月
請開鐵路	同　年十二月
設開平礦務商局	光緒七年四月
創設公司船赴英貿易	同　年六月
招商接辦各省電報	同　年十一月
筑旅順船塢	同　八年二月
設商辦織布局於上海	同　年四月
設武備學堂於天津	同　十一年五月
開辦漠河金礦	同　十三年十二月
北洋海軍成軍	同　十四年
設醫學堂於天津	同　二十年五月

以上所列李鴻章所辦洋務，略具於是矣。綜其大綱，不出二端：一曰軍事，如購船、購械、造船、造械、築炮臺、繕船塢等是也；二曰商務，如鐵路、招商局、織布局、電報局、開平煤礦、漠河金礦等是也。其間有興學堂、派學生遊學外國之事，大率皆為兵事起見，否則以供交涉翻譯之用者也。李鴻章所見西人之長技，如是而已。

二、北洋海陸兵力

海陸軍事，是其生平全力所注也。蓋彼以善戰立功名，而其所以成功，實由與西軍雜處，親睹其器械之利，取而用之，故事定之後，深有見夫中國兵力，平內亂有餘，御外侮不足，故兢兢焉以此為重。其眼光不可謂不加尋常人一等，而其心力之瘁於此者亦至矣。計中日戰事以前，李鴻章手下之兵力，大略如下：

北洋海軍兵力表

分職隊別	船名	船式	噸數	馬力	速力	炮數	船員	進水年分
主戰艦隊	定遠	鐵甲	七三三五	六〇〇〇	一四.五	二二	三三〇	光緒八年 1882
	鎮遠	同	七三五五	六〇〇〇	一四.五	二二	三三〇	同
	經遠	同	二九〇〇	三〇〇〇	一五.五	一四	二〇二	同十三年 1887
	來遠	同	二九〇〇	五〇〇〇	一五.五	一四	二〇二	同
艦隊防守	致遠	巡洋	二三〇〇	五五〇〇	一八.〇	二三	二〇二	同十二年 1886
	靖遠	同	二三〇〇	五五〇〇	一八.〇	二三	二〇二	同
	濟遠	同	二三〇〇	五五〇〇	一八.〇	二三	二〇三	同九年 1883
	平遠	同	二二〇〇	一五〇〇	一四.五	一一		
	超勇	同	一三五〇	二四〇〇	一五.〇	一八	一三〇	同七年 1881
	揚威	同	一三五〇	二四〇〇	一五.〇	一八	一三〇	同
	鎮東	炮船	四四〇	三五〇	八.〇	五	五五	同五年 1879
	鎮西	同	四四〇	三五〇	八.〇	五	五五	同
	鎮南	同	四四〇	三五〇	八.〇	五	五五	同
	鎮北	同	四四〇	四四〇	八.〇	五	五五	同
	鎮中	同	四四〇	七五〇	八.〇	五	五五	同七年 1881
	鎮邊	同	四四〇	八四〇	八.〇	五	五五	同
練習艦	康濟	同	一三〇〇	七五〇	九.五	一一	一二四	同
	威遠	同	三〇〇	八四〇	一二.〇	一一	一二四	同三年 1877
補助艦	泰安	同	一二五八	六〇〇	一〇.〇	五	一八〇	同二年 1876
	鎮海	同	九五〇	四八〇	九.〇	五	一〇〇	同治十年 1871
	操江	同	九五〇	四〇〇	九.〇	五	九一	同五年 1865
	湄雲	同	五七八	四〇〇	九.〇	四	七〇	同八年 1869

附：水雷船

船名	船式	噸數	速力
左隊一號	一等水雷	一〇八	二四
同　二號	同	同	一九
同　三號	同	同	一九
右隊一號	同	同	一八
同　二號	同	同	一八
同　三號	同	同	一八

當中日戰事時代，直隸淮軍練勇二萬餘人，其略如下：

直隸淮軍練勇表

軍隊	營數	人數	將領	駐地
盛軍	十八	九千	衛汝貴	小站
銘軍	十二	四千	劉盛休	大連灣
毅軍	十	四千	宋　慶	旅順口
蘆防淮勇	四	二千	葉志超 聶士成	蘆台、北塘、 山海關
仁字虎勇	五	二千五百	聶士成	營口

合計四十九營二萬五千人之間。

李鴻章注全副精神以經營此海陸二軍，自謂確有把握。光緒八年，法越肇釁之時，朝議飭籌畿防，鴻章覆奏，有「臣練軍簡器，十餘年於茲，徒以經費太絀，不能盡行其志，然臨敵因應，尚不至以孤注貽君父憂」等語。其所以自信者，亦可概見矣。何圖一旦中日戰開，艨艟樓艦，或創或夷，或以資敵，淮軍練勇，屢戰屢敗，聲名一旦掃地以盡，所餘敗鱗殘甲，再經聯軍津沽一役，隨羅榮光、聶士成同成灰燼。於是直隸總督北洋大臣三十年所蓄所養所布畫，煙消雲散，殆如昨夢。及於李之死，而其所摩撫卵翼之天津，尚未收復。嗚呼！合肥合肥，吾知公之不瞑於九原也。

三、李鴻章辦理洋務失敗之由

至其所以失敗之故，由於群議之掣肘者半，由於鴻章之自取者亦半。其自取也，由於用人失當者半，由於見識不明者亦半。彼其當大功既立，功名鼎盛之時，自視甚高，覺天下事易易耳；又其裨將故吏，昔共患難，今共功名，徇其私情，轉相汲引，佈滿要津，委以重任，不暇問其才之可用與否，以故臨機僨事，貽誤大局，此其一因也。又唯知練兵，而不知有兵之本原；唯知籌餉，而不知有餉之本原，故支支節節，終無所成，此又其一因也。下節更詳論之。

李鴻章所辦商務，亦無一成效可睹者，無他，官督商辦一語，累之而已。中國人最長於商，若天授焉，但使國家為之制定商法，廣通道路，但護利權，自能使地無棄財，人無棄力，國之富可立而待也。今每舉一商務，輒為之奏請焉，為之派大臣督辦焉，即使所用得人，而代大匠斫者，固未有不傷其手矣。況乃奸吏舞文，視為利藪，憑挾狐威，把持局務，其已入股者安得不寒心，其未來者安得不裹足耶？故中國商務之不興，雖謂李鴻章官督商辦主義為之厲階可也。

吾敢以一言武斷之曰：李鴻章實不知國務之人也，不知國家之為何物，不知國家與政府有若何之關係，不知政府與人民有若何之權限，不知大臣當盡之責任。其於西國所以富強之原，茫乎未有聞焉，以為吾中國之政教文物風俗，無一不優於他國，所不及者，唯槍耳、炮耳、船耳、鐵路耳、機器耳，吾但學此，而洋務之能事畢矣。此近日舉國談時務者所異口同聲，而李鴻章實此一派中三十年前之先輩也。是所謂無鹽效西子之顰，邯鄲學壽陵之步，其適形其醜，終無所得也，固宜。

雖然，李鴻章之識，固有遠過於尋常人者矣。嘗觀其同治十一年五月覆議製造輪船未可裁撤折云：

臣竊唯歐洲諸國，百十年來，由印度而南洋，由南洋而中國，闖入邊界腹地，凡前史所未載，亙古所未通，無不款關而求互市。我皇上如天之度，概與立約通商，以牢籠之，合地球東西南朔九萬里之遙，胥聚於中國，此三千餘年一大變局也。西人專恃其槍炮輪船之精利，故能橫行於中土。中國向用之器械，不敵彼等，是以受制於西人。居今日而曰攘夷，曰驅逐出境，固虛妄之論。即欲保和局守疆土，亦非無具而能保守之也。（中略）士大夫囿於章句之學，而昧於數千年來一大變局，狃於目前苟安，而遂忘前二三十年之何以創巨而痛深，後千百年之何以安內而制外，此停止輪船之議所由起也。臣愚以為，國家諸費皆可省，唯養兵設防、練習槍炮、製造兵輪之費萬不可省，求省費則必屏除一切，國無與立，終不得強矣。

光緒元年，因臺灣事變籌畫海防折云：

茲總理衙門陳請六條，目前當務之急，與日後久遠之圖，業經綜括無遺，洵為救時要策。所未易猝辦者，人才之難得，經費之難籌，畛域之難化，故習之難除。循是不改，雖日事設防，猶畫餅也。然則今日所急，唯在力破成見，以求實際而已。何以言之？歷代備邊，多在西北，其強弱之勢，主客之形，皆適相埒，且猶有中外界限。今則東南海疆萬餘里，各國通商傳教，往來自如，麇集京師及各省腹地，陽托和好之名，陰懷吞噬之計，一國生事，諸國構煽，實唯數千年來未有之變局。輪船電報之速，瞬息千里；軍器機事之精，工力百倍，又為數千年來未有之強敵。外患之乘，變幻如此，而我猶欲以成法制之，譬如醫者療疾，不問何症，概投之以古方，誠未見其效也。庚申以後，夷勢𧆞𧆞內向，薄海冠帶之倫，莫不發憤慷慨，爭言驅逐。局外之訾議，既不悉局中之艱難，及詢以自強何術，禦侮何能，則茫然靡所依據。臣於洋務，涉歷頗久，聞見較廣，於彼己長短相形之處，知之較深，而環顧當世餉力人才實有未逮，又多拘於成法，牽於眾議，雖欲振奮而末由。《易》曰：「窮則變，變則通。」蓋不變通則戰守皆不足恃，而和亦不可久也。

又云：

近時拘謹之儒，多以交涉洋務為浼人之具；取巧之士，又以引避洋務為自便之圖。若非朝廷力開風氣，破拘攣之故習，求制勝之實際，天下危局，終不可支，日後乏才，且有甚於今日者。以中國之大，而無自強自立之時，非唯可憂，抑亦可恥。

由此觀之，則李鴻章固知今日為三千年來一大變局，固知狃於目前之不可以苟安，固嘗有意於求後千百年安內制外之方，固知古方不可醫新症，固知非變法維新，則戰守皆不足恃，固知畛域不化，故習不除，則事無一可成，甚乃知日後乏才，且有甚於今日，以中國之大，而永無自強自立之時。其言沉痛，吾至今讀之，則淚涔涔其承睫焉。夫以李鴻章之忠純也若彼，其明察也若此，而又久居要津，柄持大權，而其成就乃有今日者，何也？則以知有兵事而不知有民政，知有外交而不知有內治，知有朝廷而不知有國民。日責人昧於大局，而己於大局，先自不明；日責人畛域難化，故習難除，而己之畛域故習，以視彼等，猶不過五十步與百步也。殊不知今日世界之競爭，不在國家而在國民；殊不知泰西諸國所以能化畛域、除故習、布新憲、致富強者，其機恆發自下而非發自上，而求其此機之何以能發，則必有一二先覺有大力者，從而導其轅而鼓其鋒，風氣既成，然後因而用之，未有不能濟者也。李鴻章而不知此不憂此則亦已耳，亦既知之，亦既憂之，以彼之地位，彼之聲望，上之可以格君心以臂使百僚，下之可造輿論以呼起全國，而惜乎李之不能也。吾故曰：李之受病，在不學無術。故曰：為時勢所造之英雄，非造時勢之英雄也。

雖然，事易地而殊，人易時而異。吾輩生於今日，而以此大業責李，吾知李必不任受。彼其所謂局外之訾議，不知局中之艱難，言下蓋有餘病焉。援《春秋》責備賢者之義，李固咎無可辭。然試問今日四萬萬人中，有可以 Cast the first stone 之資格者，幾何人哉？吾雖責李，而必不能為所謂拘謹之儒、取巧之士、囿於章句狃於目前者，稍寬其罪，而又絕不許彼輩之隨我而容喙也。要而論之，李鴻章不失為一有名之英雄，所最不幸者，以舉國之大，而無所謂無名之英雄，以立乎其後，故一躍而不能起也。吾於李侯之遇，有餘悲焉耳。

自此章以後，李鴻章得意之歷史終，而失意之歷史方始矣。

第七章 中日戰爭時代之李鴻章

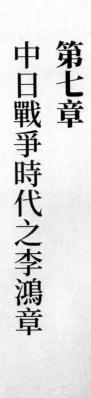

第七章　中日戰爭時代之李鴻章

一、中日戰事禍胎　李鴻章先事之失機

中國維新之萌蘖，自中日之戰生；李鴻章蓋代之勛名，自中日之戰沒。惜哉！李鴻章以光緒十九年，七十賜壽，既壽而病，病而不死，卒遇此變，禍機重疊，展轉相繼，更閱八年之至艱極險殊窘奇辱，以死於今日。彼蒼者天，前之所以寵此人者何以如是其優，後之所以厄此人者何以如是其酷耶？吾泚筆至此，不禁廢書而嘆也。

中日之戰，起於朝鮮，推原禍始，不得不謂李鴻章外交遺恨也。朝鮮本中國藩屬也，初同治十一年，日本與朝鮮有違言，日人遣使問於中國，蓋半主之邦，其外交當由上國主之，公法然也。中國當局以畏事之故，遽答之曰：「朝鮮國政，我朝素不與聞，聽貴國自與理論可也。」日本遂又遣使至朝鮮，光緒元年正月，與朝鮮訂立和約，其第一條云：「日本以朝鮮為自主之國，與日本之本系自主者相平等」雲雲，是為日本與朝鮮交涉之嚆矢。光緒五年，英、美、德、法諸國，相繼求互市於朝，朝人驚皇，躊躇不決。李鴻章乃以函密勸其太師李裕元，令與各國立約，其奏摺謂借此以備御俄人，牽制日本雲雲。光緒六年，駐日使臣何如璋致書總理衙門，倡主持朝鮮外交之議，謂中國

當於朝鮮設駐紮辦事大臣。李鴻章謂若密為維持保護，尚覺進退綽如；倘顯然代謀，在朝鮮未必盡聽吾言，而各國或將唯我是問，他日勢成騎虎，深恐彈丸未易脫手雲雲。光緒八年十月，侍讀張佩綸復奏請派大員為朝鮮通商大臣，理其外交之政。鴻章覆奏，亦如前議。是則鴻章於屬邦無外交之公法，知之未悉，徒貪一時之省事，假名器以畀人，是實千古之遺恨也。自茲以往，各國皆不以中國藩屬待朝鮮也久矣。光緒十一年，李鴻章與伊藤博文在天津訂約，載明異日朝鮮有事，中日兩國欲派兵往，必先互行知照。於是朝鮮又似為中日兩邦公同保護之國，名實離奇，不可思議。後此兩國各執一理，不清，釀成大釁，實基於是，而其禍本不得不謂外交遺策胎之。此為李鴻章失機第一事。

光緒二十年三月，朝鮮有東學黨之亂，勢頗猖獗，時袁世凱駐朝鮮，為辦理商務委員。世凱者，李鴻章之私人也，屢致電李，請派兵助剿，復慫恿朝王來乞師。鴻章遂於五月初一日派海軍濟遠、揚威二艦赴仁川、漢城護商，並調直隸提督葉志超帶淮勇千五百人向牙山；一面遵依《天津條約》，先照會日本。日本隨即派兵前往，至五月十五日，日兵到仁川者已五千。韓廷大震，請中國先行撤兵以謝日本。中國不允，乃與日本往復會商一齊撤兵之事，蓋是時亂黨已解散矣。日本既發重兵，有進無退，乃議與中國同干預朝鮮內政，助其變法，文牘往來，詞意激昂，戰機伏於眉睫間矣。

是役也，在中國之意，以為藩屬有亂，卑詞乞援，上國有應代靖亂之責任，故中國之派兵是也。在日本之意，則以既認朝鮮為自主，與萬國平等，今中國急派兵而代平等之國靖亂，其意不可測，故日本之派兵以相抵制亦是也。此二國者，各執一說，咸曲彼而直我，皆能持之有故，言之成理焉。但其中有可疑者，當未發兵之先也，袁世凱屢電稱亂黨猖獗，韓廷絕不能自平，其後韓王乞救之咨文，亦袁所指使，乃何以五月初一日始發兵，而初十日已有亂黨悉平之報？其時我軍尚在途中，與亂黨風馬牛不相及，然則朝亂之無待於代剿明矣。無待代剿，而我無端發兵，安得不動日本之疑耶？故我謂曲在日本，日本不任受也。論者謂袁世凱欲借端以邀戰功，故張大其詞，生此波瀾，而不料日本之躡其後也，果爾，則是以一念之私，遂至毒十餘萬之生靈，隳數千年之國體。袁固不能辭其責，而用袁聽袁者，不謂失知人之明哉？此為李鴻章失機第二事。

日本屢議協助干預而華不從，中國屢請同時撤兵而日不允，李鴻章與總理衙門，方日冀俄、英出為調處，北京、倫敦、聖彼得堡，函電紛馳，俄、英亦托必為出力，冀獲漁人之利。遷延經日，戰備未具，及五月下旬，而日本之兵調到韓境者已萬餘人矣。

平時兵力，既已不能如人，而臨時戰備，又復著著落後，使敵盡扼要衝，主客易位，蓋未交綏而勝負之數已見矣。此為李鴻章失機第三事。

二、大東溝之戰

三機既失，戰事遂開。六月十二日，李鴻章奉廷寄籌戰備，乃派總兵衛汝貴統盛軍馬步六營進平壤，提督馬玉崑統毅軍二千進義州，分起由海道至大東溝登岸，而飭葉志超軍移扎平壤，皆淮軍也。所派往各兵，雇英商三輪船分運，而以濟遠、廣丙二兵輪衛之。廿五晨為日兵輪襲擊，濟遠管帶方伯謙見敵近，惶恐匿鐵甲最厚處，繼遭口炮毀其舵，即高懸白旗，下懸日旗，逃回旅順。高升擊沉，我軍死者七百餘。二十七日，佈告各國，飭駐日公使汪鳳藻撤旗歸國。二十九日，牙山失守，葉志超退回平壤，捏報勝仗，稱於二十五六七等日，迭次殲斃倭兵五千餘人，得旨賞給軍士銀二萬兩，將弁保獎者數十人焉。自茲以往，海軍、淮軍之威望，始漸失墜矣。

方五六月間，日本兵船麇集朝鮮，殆如梭織，而各華艦避匿於威海衛，逍遙河上。

迨京外交章參劾，始佯遣偏師，開出口外，或三十里而止，或五十里而止，大抵啟碇出口，約歷五六點鐘，便遽回輪，即飛電北洋大臣，稱某船巡邏至某處，並無倭兵蹤跡雲雲。種種情形，可笑可嘆。八月初旬，北洋疊接軍電，請濟師以壯聲威，遂以招商局船五艘，載運兵丁銀米，以海軍兵艦護送，凡鐵甲船、巡洋船各六艘，水雷船四艘，合隊同行。中秋日，安抵鴨綠江口。五運船鼓輪直入，淺水兵船及水雷船與之偕，餘艦小住於離江十里或十六里之地，爐中之煤未熄也。十六晨，瞭見南方黑煙縷縷，知日艦將至，海軍提督丁汝昌，傳令列陣作人字形，鎮遠、定遠兩鐵艦為人字之首，靖遠、來遠、懷遠、經遠、致遠、濟遠、超勇、揚威、廣甲、廣丙及水雷船，張人字之兩翼，兼以號旗招鴨綠江中諸戰船悉出助戰。俄而敵艦漸近，列陣作一字營，向華軍猛撲，共十一艘，其巡洋船之速率，過於華軍。轉瞬間又易而為太極陣，裹人字於其中。華艦先開巨炮以示威，然距日船者九里，不中宜也。炮聲未絕，敵船麇至，與定遠、鎮遠相去恆六里許，蓋畏重甲而避重炮，且華炮之力不能及，日兵之彈已可至也；與人字陣末二艦相逼較近，欺炮略小而甲略薄也。有頃，日艦圈入人字陣腳，致遠、經遠、濟遠三艘，皆被挖出圈外。致遠失群後，船身疊受重傷，勢將及溺，其管帶鄧世昌，開足汽機，向日艦飛馳，欲撞與同沉，未至而已覆溺，艦中二百五十人，同時殉難。蓋中日全役，死事者以鄧君為最烈云。其同時被圈出之經遠，船群甫離，火勢陡發，管帶林永升發炮以攻敵，激水以救火，依然井井有條。遙見一日艦，似已受傷，即鼓輪追之，乃被放水雷相拒，閃避不及，遽被轟裂，死難者亦二百七十人。嗚呼慘矣！至管帶濟遠之方伯謙，即七月間護送高升至牙山，途遇日艦逃回旅順者也。是日兩陣甫交，方伯謙先掛本船已受重傷之旗，以告主將，旋因圖遁之故，亦被日船划出圈外。致、經兩船與日苦戰，方伯謙置而不顧，如喪家犬，遂誤至水淺處。時揚威鐵甲先已擱淺，不能轉動，濟遠撞之，裂一大穴，遂之沉沒。揚威遭此橫逆，死者百五十餘人。方伯謙驚駭欲絕，飛遁入旅順口。越日，李鴻章電令縛伯謙軍前正法云。同時效方伯謙者，有廣甲一艦，逃出陣外，未知其受傷與否，然以只防後追，不顧前路，遂誤撞於島石，為日軍發水雷轟碎之。陣中自經遠、致遠、揚威、超勇沉，濟遠、廣甲逃，與日艦支持者僅七艘耳。是役也，日艦雖或受重傷，或遭小損，然未喪一艘，而華軍之所喪蓋五船矣。

三、平壤之戰

海軍既在大東溝被夷，陸軍亦在平壤同時失事。平壤為朝鮮要鎮，西、南、東三面，均有大江圍繞，北面則枕崇山，城倚山崖，城東江水，繞山南迤西而去，西北隅則無山無水，為直達義州之孔道。我軍葉志超、聶桂林、豐升阿、左寶貴、衛汝貴、馬玉崑六將，共統勇丁三十四營，自七月中會齊此地，皆李鴻章部下也。當中國之初發兵於牙山也，副將聶士成曾建議，以為當趁日兵未入韓地之先，先以大兵渡鴨綠江，速據平壤，而以海軍艦隊扼仁川港口，使日本軍艦不得逞，牙山、成歡之兵，與北洋海軍，既牽掣日軍，然後以平壤大軍南襲韓城雲雲，李鴻章不能用。及七月廿九日，牙山敗績，此策遂廢。

雖然，日兵之入韓也，正當溽暑鑠金之時，道路險惡狹隘，行軍非常艱險；又沿途村裡貧瘠，無從因糧。韓人素懾我威，所至供給，呼應雲動，其待日兵則反是。故敵軍進攻平壤之際，除乾糧之外，無所得食，以一匙之鹽供數日雲。當此之時，我軍若曉兵機，乘其勞憊，出奇兵以迎襲之，必可獲勝。乃計不出此，唯取以主待客、以逸待勞之策，恃平壤堡壘之堅，謂可捍敵，此失機之大者也。李鴻章於八月十四日所下令，精神全在守局而不在戰局，蓋中日全役，皆為此精神所誤也。

時依李鴻章之部署，馬玉崑率所部毅軍四營繞出江東，為犄角勢。衛、豐二軍十八營駐城南江岸，左軍六營守北山城上，葉、聶兩帥居城中。十二、三、四等日，日兵已陸續齊集平壤附近，互相挑戰，彼此損傷不多。至十五日晚，敵部署已定，以右翼隊陷大同江左岸橋裡之炮臺，更渡江以沖平壤之正面，而師團長本隊為其後援；以左翼隊自羊角島下渡大同江，衝我軍之右。十六日，在大同江岸與馬軍相遇劇戰，敵軍死傷頗多，炮臺卒被陷。時左寶貴退守牡丹臺，有七響之毛瑟槍及快炮等，鏖戰頗力，敵軍連發開花炮，寶貴負傷卒，兵遂大亂。午後四點半鐘，葉志超急懸白旗，乞止戰。是夜全師紛紛宵遁，從義州、甑山兩路，為敵兵截殺，死者二千餘人，平壤遂陷。

四、甲午九十月以後大概情形

是役也，李鴻章二十餘年所練之兵，以勁旅自誇者，略盡矣。中國軍備之弛，固久為外國所熟知，獨淮軍、奉軍、正定練軍等，素用洋操，鴻章所苦心經營者，故日本

第七章　中日戰爭時代之李鴻章

懾其威名，頗憚之；既戰勝後，其將領猶言非始願所及也。其所以致敗之由，一由將帥闒冗非人，其甚者如衛汝貴剋扣軍餉，臨陣先逃；如葉志超飾敗為勝，欺君邀賞，以此等將才臨前敵，安得不敗。一由統帥六人，官職權限皆相等，無所統攝，故軍勢散渙，呼應不靈。蓋此役為李鴻章用兵敗績之始，而淮軍聲名，亦從此掃地以盡矣。

久練之軍，尚復爾爾，其他倉卒新募、紀律不諳、器械不備者，更何足道！自平壤敗績以後，廟算益飄搖無定，軍事責任，不專在李鴻章一人，茲故不詳敘之，僅列其將帥之重要者如下：

一、依克唐阿 奉天將軍 滿洲馬隊 以光緒二十年八月派為欽差大臣

二、宋慶 提督 新募軍 以光緒二十年派總統前敵各軍

三、吳大澂 湖南巡撫 湘軍 以光緒二十年十二月派為幫辦軍務大臣

四、劉坤一 兩江總督 湘軍 以光緒二十年十二月派為欽差大臣

其餘先後從軍者，則有承恩公桂祥（慈禧太后之胞弟）、副都統秀吉之神機營馬步兵，按察使陳堤、布政使魏光燾、道員李光久、總兵劉樹元、編修曾廣鈞、總兵余虎恩、提督熊鐵生等之湘軍，按察使周馥、提督宗德勝等之淮軍，副將吳元愷之鄂軍，提督馮子材之粵勇，提督蘇元春之桂勇，郡王哈咪之回兵，提督閃殿魁新募之京

兵，提督丁槐之苗兵，侍郎王文錦、提督曹克忠奉旨團練之津勝軍，某蒙員所帶之蒙古兵。其間或歸李鴻章節制，或歸依克唐阿節制，或歸宋慶節制，或歸吳大澂節制，或歸劉坤一節制，毫無定算，毫無統一，識者早知其無能為役矣。

經遠	鐵甲船	沉	黃海
致遠	鋼甲船	同	同
超勇	同	同	同
揚威	同	火	同
捷順	水雷船	奪	大連灣
失名	同	沉	旅順口外
操江	木質炮船	奪	豐島中
來遠	鐵甲船	沉	威海衛
威遠	練習船	同	同
福龍	水雷船	奪	劉公島外
靖遠	鋼甲船	沉	同

定遠	鐵甲船	降	劉公島中
鎮遠	同	同	同
平遠	同	同	同
濟遠	鋼甲船	同	同
威遠	木質船	同	同

九連城失，鳳皇城失，金州失，大連灣失，岫岩失，海城失，旅順口失，蓋平失，營口失，登州失，榮城失，威海衛失，劉公島失，海軍提督丁汝昌，以北洋敗殘兵艦，降於日本，於是中國海陸兵力遂盡。茲請更將李鴻章生平最注意經營之海軍，重列一表，以志末路之感：

其餘尚有康濟、湄雲之木質小兵船，鎮化、鎮邊、鎮西、鎮中之四蚊子船，又水雷船五，炮船三，凡劉公島灣內或傷或完之船，大小二十三艘，悉為日有。其中復有廣東水師之廣甲、廣丙、廣乙三船，或沉或降。自茲以往，而北洋海面數千里，幾不復有中國之帆影輪聲矣。

五、致敗之由

當中日戰事之際，李鴻章以一身為萬矢之的，幾於身無完膚，人皆欲殺。平心論之，李鴻章誠有不能辭其咎者，其始誤勸朝鮮與外國立約，昧於公法，咎一；既許立約，默認其自主，而復以兵干涉其內亂，授人口實，咎二；日本既調兵，勢固有進無退，而不察先機，輒欲倚賴他國調停，致誤時日，咎三；聶士成請乘日軍未集之時，以兵直擣韓城以制敵，而不能用，咎四；高升事未起之前，丁汝昌請以北洋海軍先鏖敵艦，而不能用，遂令反客為主，敵坐大而我愈危，綜其原因，皆由不欲釁自我開，以為外交之道應爾，而不知當甲午五六月間，中日早成敵國，而非友邦矣，誤以交鄰之道施諸兵機，咎五；鴻章將自解曰：量我兵力不足以敵日本，故憚於發難也。雖然，身任北洋，整軍經武二十年，何以不能一戰？咎六；彼又將自解曰：政府掣肘，經費不足也。雖然，此不過不能擴充已耳，何以其所現有者，如葉志超、衛汝貴諸軍，素以久練著名，亦脆弱乃爾？且克減口糧、盜掠民婦之事，時有所聞，乃並紀律而無之也，咎七；槍或苦窳，彈或贋物，彈不對槍，藥不隨械，謂從前管軍械局之人皆廉明，誰能信之？咎八；平壤之役，軍無統帥，此兵家所忌，李乃蹈之，咎九；始終坐待敵攻，治於人而不能治人，畏敵如虎，咎十；海軍不知用快船快炮，咎十一；旅順天險，西人謂以數百兵守之，糧食苟足，三年不能破，乃委之於所親暱闒冗恇怯之人，聞風先遁，咎十二。此皆可以為李鴻章罪者。若夫甲午九、十月以後，則群盲狂吠，築室道謀，號令不出自一人，則責備自不得歸於一點，若盡以為李鴻章咎，李固不任受也。

又豈唯不任受而已，吾見彼責李罪李者，其可責可罪，更倍蓰於李而未有已也。是

第七章　中日戰爭時代之李鴻章

役將帥無一人不辱國，不待言矣。然比較於百步五十步之間，則海軍優於陸軍，李鴻章部下之陸軍，又較優於他軍也。海軍大東溝一役，彼此鏖戰五點餘鐘，西人觀戰者咸嘖嘖稱讚焉。雖其中有如方伯謙之敗類（或謂伯謙實為救火保船，海軍兵機當爾云），然餘船之力鬥者，固可以相償，即敵軍亦起敬也。故日本是役，唯海軍有敵手，而陸軍無敵手。及劉公島一役，食盡援絕，降敵以全生靈，殉身以全大節，蓋前後死難者，鄧世昌、林泰增、丁汝昌、劉步蟾、張文宣，雖其死所不同，而咸有男兒之概，君子愍之。諸人者皆北洋海軍最要之人物也，以視陸軍之全無心肝者何如也？陸軍不忍道矣。然平壤之役，猶有左寶貴、馬玉崑等一二日之劇戰，是李鴻章部下之人也，敵軍死傷相當云。其後欲恢復金州、海城、鳳凰城等處，及防禦蓋平，前後幾度，皆曾有與日本苦戰之事，雖不能就，然固已盡力矣，主之者實宋慶，亦李鴻章舊部也。是固不足以償葉志超、衛汝貴、黃仕林、趙懷業、龔照璵等之罪乎。雖然，以比諸吳大澂之出勸降告示，未交鋒而全軍崩潰者何如？以視劉坤一之奉命專征，逗留數月不發者何如？是故謂中國全國軍旅皆腐敗可也，徒歸罪於李鴻章之淮軍不可也。而當時盈廷虛之氣，若以為一殺李鴻章，則萬事皆了，而彼峨冠博帶指天畫地者，遂可以氣吞東海，舌撼三山，蓋湘人之氣焰尤咻咻焉。此用湘軍之議所由起也。乃觀其結局，豈唯無以過淮軍而已，又更甚焉。嘻！可以愧矣。吾之為此言，非欲為淮軍與李鴻章作冤詞也，吾於中日之役，固一毫不能為李淮恕也，然特患夫虛囂張之徒，毫無責任，而立於他人之背後，摭其短長以為快談，而迄未嘗思所以易彼之道，蓋此輩實亡國之利器也。李固可責，而彼輩又豈能責李之人哉？

六、李鴻章之地位及責任

是役也，李鴻章之失機者固多，即不失機，而亦必無可以幸勝之理。蓋十九世紀下半紀以來，各國之戰爭，其勝負皆可於未戰前決之，何也？世運愈進於文明，則優勝劣敗之公例愈確定。實力之所在，即勝利之所在，有絲毫不能假借者焉。無論政治、學術、商務，莫不皆然，而兵事其一端也。日本三十年來，刻意經營，上下一心，以成此節制敢死之勁旅，孤注一擲以向於我，豈無所自信而敢乃爾耶？故及其敗然後知其所以敗之由，是愚人也；乃或及其敗而猶不知其致敗之由，是死人也。然則徒罪李鴻章一人，烏乎可哉？

西報有論者曰：「日本非與中國戰，實與李鴻章一人戰耳。」其言雖稍過，然亦近之。不見乎各省大吏，徒知畫疆自守，視此事若專為直隸滿洲之私事者然，其有籌一餉出一旅以相急難者乎？即有之，亦空言而已，乃至最可笑者，劉公島降艦之役，當事者致書日軍，求放還廣丙一艦，書中謂此艦系屬廣東，此次戰役，與廣東無涉雲雲。各國聞者，莫不笑之，而不知此語實代表各省疆臣之思想者也。若是乎，日本果真與李鴻章一人戰也。以一人而戰一國，合肥合肥，雖敗亦豪哉！

自是而李鴻章兵事上之聲譽終，而外交上之困難起。

第八章
外交家之李鴻章（上）

第八章　外交家之李鴻章（上）

一、天津教案

李鴻章之負重望於外國也以外交，李鴻章之負重謗於中國也亦以外交。要之李鴻章之生涯，半屬外交之生涯也。欲斷定其功罪，不可不以外交為最大之公案，故於此事特留意焉。

李鴻章辦外交，以天津教案為首。時值發捻初平，內憂甫弭，無端而有津民戕教焚法國領事館之事起（同治九年）。法人借端要挾，聯英、美以迫政府，其欲甚奢。曾國藩方任直隸總督，深察此事之曲在我，而列國蹊田奪牛手段，又非可以顢頇對付也，乃曲意彌縫，鎮壓津民，正法八人，議罪二十餘人。而法人之心猶未厭，必欲重索賠款，且將天津知府知縣置諸重典。國藩外之應付西人，已極竭蹶，而內之又為京師頑固黨所掊擊，呼為賣國賊（京師湖廣會館將國藩匾落拔除摧燒，即此時也），白簡紛紜，舉國欲殺。於是通商大臣崇厚，恐事決裂，請免國藩而以鴻章代之，明詔敦促赴任，是為李鴻章當外交衝要之濫觴，實同治九年八月也。

彼時之李鴻章，殆天之驕子乎，順風張帆，一日千里，天若別設一位置以為其功名之地。當其甫受任督直隸也，普法之戰頓起，法人倉皇自救，不復他及，而歐美各國亦復奔走相顧，且汗且喘，以研究西方之大問題，而此東方小問題，幾莫或措意，於是天津教案，遂銷沉於若有若無之間。中國當時之人，無一知有世界大局者，以普法一役如此驚天動地之大事，固咸熟視無睹，以為是李鴻章之聲望韜略，過於曾國藩萬萬也，於是鴻章之聲價頓增。

二、法越之役

天津教案以後，日本戰事以前，李鴻章所辦交涉事件以十數，而其關係最重者，為法國安南之役、日本朝鮮之役。光緒八年，法國有事於安南，眈眈逐逐，思大有所逞，與中國既定約，而復借端毀棄之，於是中法戰事開。法水師提督格魯比預定策略：其海軍先奪海南，次踞臺灣，直搗福州，殲我艦隊；其陸軍則自越之東京，出略雲南、貴州，如是，則水陸兩者必大有所獲，將來東方權力，可以與英國爭衡。於是格魯比一面電達本國，請給軍需並增派軍隊，一面乘福州之無備，轟我船廠，壞我兵船，一面以陸軍迫東京。當時南方之天地，大有風雲慘淡之觀，李鴻章乃行伐謀伐交之策，思嗾英、德以牽製法人。時曾紀澤方充英使，受命辦此事，雖未能成，而法政府因之有所顧忌，增兵籌餉之案，在議院否決。格魯比時方攻臺灣之淡水，不能下，安南之陸兵，又為黑旗軍所持，不得行其志，忽接此案否決之報，大憤幾死，法人乃先請和於我。李鴻章此役以後，其外交手段，始為歐人所注視矣。

三、中日天津條約

當法事之方殷也，朝鮮京城又有襲擊日本使館之事，蓋華兵韓兵皆預有謀焉。朝鮮之為藩屬為自主，久已抗議於中日兩國間，轇轕未定，日本乘我多事之際，派伊藤博文來津交涉。及方到而法人和局已就，李鴻章本有一種自大之氣，今見虎狼之法，尚且帖耳就範，蕞爾日本，其何能為？故於伊藤之來也，傲然以臨之。彼伊藤於張、邵議和之時，私語伍廷芳，謂前在天津見李中堂之尊嚴，至今思之猶悸，蓋得意時泄宿憾之言也。伊藤此行，亦不能得志，僅約他日朝鮮有事，中國派兵往，須先照會乙國而已，所謂《天津條約》者是也。雖然，此約竟為後此中日開釁之引線矣。

四、議和日本 停戰條約及遇刺

李鴻章對朝鮮之外交，種種失策，前章已言之矣。然因此之故，《天津條約》遂至變為《馬關條約》。嗚呼！莊生有言：「其作始也簡，其將畢也巨。」善弈者每於至閒之著，斷斷不肯放過，後有當此局者，可無慎歟？戰事至甲午之冬，中國舍求和外，更無長策。正月，乃派張蔭桓、邵友濂講和於日本。日本以其人微言輕也，拒絕納，乃更派李鴻章。二月遂行，隨帶參贊李經方等，以二十四日抵馬關，與日本全權大臣伊藤博文、陸奥宗光開議。翌日首議停戰條件，日本首提議以大沽、天津、山海關三處為質，辯論移時，不肯少讓，乃更議暫擱停戰之議，即便議和。伊藤言：「既若爾，則須將停戰之節略撤回，以後不許再提及。」彼此磋磨未決。及二十八日，第三次會議，歸途中，突遇刺客，以槍擊鴻章，中左顴，槍子深入左目下，一暈幾絕。日官聞警，來問狀者絡繹不絕，伊藤、陸奥亦躬詣慰問，謝罪甚恭，憂形於色。日皇及舉國臣民，同深震悼，遂允將中國前提出之停戰節略畫押。口舌所不能爭者，借一槍子之傷而得之，於是議和前一節，略有端緒。當遇刺之初，日皇遣御醫軍醫來視疾，眾醫皆謂取出槍子，創乃可瘳，但須靜養多日，不勞心力雲。鴻章慨然曰：「國步艱難，和局之成，刻不容緩，予焉能延宕以誤國乎？」寧死無割。刺之明日，或見血滿袍服，言曰：「此血所以報國也！」鴻章潸然曰：「舍予命而有益於國，亦所不辭。」其慷慨忠憤之氣，君子敬之。

遇刺後得旨慰勞，並派李經方為全權大臣，而李鴻章實一切自行裁斷，雖創劇偃臥，猶口授事機，群醫苦之。三月初七日，伊藤等將所擬和約底稿交來。十一日，李備覆文，將原約綜其大綱，分四款：一朝鮮自主，二讓地，三兵費，四通商權利，除第一朝鮮自主外，余皆極力駁議。十五日，復另擬一約底送去，即擬請賠兵費一萬萬兩，割奉天南四廳縣地方等。日本亦條條駁斥，十六日，伊藤等又備一改定約稿寄來，較前稍輕減，即《馬關條約》之大概也。是日鴻章創已癒，復至春帆樓與日本全權大臣面議，刻意磋磨，毫無讓步，唯有聲明若能於三年內還清債款，則一律免息，及威海衛駐兵費，減一半耳。今將其條約全文列下：

大日本帝國大皇帝陛下，及大清帝國大皇帝陛下，為訂定和約，俾兩國及其臣民，重修平和，共享幸福，且杜絕將來紛紜之端，大日本帝國大皇帝陛下，特簡大日本帝國全權辦理大臣、內閣總理大臣、從二位勛、一等伯爵伊藤博文，大日本帝國全權辦理大臣、外務大臣、從二位勳、一等子爵陸奧宗光；大清帝國大皇帝陛下，特簡大清帝國欽差頭等全權大臣、太子太傅、文華殿大學士、北洋通商大臣、直隸總督、一等肅毅伯爵李鴻章，大清帝國欽差全權大臣、二品頂戴、前出使大臣李經方，為全權大臣，彼此較閱所奉諭旨，認明均屬妥實無闕，會同議定各條款，開列於左：

第一款 中國認明朝鮮國確為完全無缺之獨立自主，故凡有虧損獨立自主體制，即如該國向中國所修貢獻典禮等，嗣後全行廢絕。

第二款 中國將管理下開地方之權，並將該地方所有堡壘、軍器工廠，及一切屬公物件，永遠讓與日本。

一、下開劃界以內之奉天省南邊地方，從鴨綠江口，溯該江以抵安平河口，又從該河口，劃至鳳凰城、海城及營口而止，畫成折線以南地方，所有前開各城市邑，皆包括在劃界線內，該線抵營口之遼河後，即順流至海口止，彼此以河中心為分界，遼東灣東岸及黃海北岸，在奉天所屬諸島嶼，亦一併在所讓界內。

二、臺灣全島及所有附屬各島嶼。

三、澎湖列島，即英國格林威治東經百十九度起，至百二十度止，及北緯二十三度起，至二十四度之間諸島嶼。

第三款　前款所載，及黏附本約之地圖所劃疆界，俟本約批准互換之後，兩國應各選派官員二名以上，為公同劃定疆界委員，就地踏勘，確定劃界。若遇本約所訂疆界，於地形或治理所關，有礙難不便等情，各該委員等當妥為參酌更定。各該委員等，當從速辦理界務，以期奉委之後，限一年竣事，但遇各該委員等有所更定畫界，兩國政府，未經認準以前，應據本約所定畫界為正。

第四款　中國約將庫平銀二萬萬兩，交與日本，作為賠償軍費。該款分作八次交完，第一次五千萬兩，應在本約批准互換後六個月內交清。第二次五千萬兩，應在本約批准互換後十二個月內交清。餘款平分六次，遞年交納，其法列下：第一次平分遞年之款，於兩年內交清；第二次於三年內交清；第三次於四年內交清；第四次於五年內交清；第五次於六年內交清；第六次於七年內交清。其年分均以本約批准互換之後起算。又第一次賠款交清後，未經交完之款，應按年加每百抽五之息，但無論何時，將應賠之款，或全數，或幾分，先期交清，均聽中國之便。如從條約批准互換之日起，三年之內能全數清還，除將已付利息，或兩年半，或不及兩年半，於應付本銀扣還外，餘仍全數免息。

第五款 本約批准互換之後，限二年之內，日本準中國讓與地方人民，願遷居讓與地方之外者，任便變賣所有產業，退去界外；但限滿之後，尚未遷徙者，均宜視為日本臣民。又臺灣一省，應於本約批准互換後，兩國立即各派大員至臺灣，限於本約批准互換後兩個月內交接清楚。

第六款 日中兩國所有約章，因此次失和，自屬廢絕。中國約俟本約批准互換之後，速派全權大臣，與日本所派全權大臣，會同訂立通商行船條約，及陸路通商章程。其兩國新訂約章，應以中國與泰西各國現行約章為本。又本約批准互換之日起，新訂約章未經實行之前，所有日本政府官吏臣民，及商業工藝行船船隻，陸路通商等，與中國最為優待之國，禮遇護視，一律無異。中國約將下開讓與各款，從兩國全權大臣畫押蓋印日起，六個月後，方可照辦。

第一，現今中國已開通商口岸之外，應準添設下開各處，立為通商口岸，以便日本臣民，往來僑寓，從事商業工藝製作。所有添設口岸，均照向開通商海口，或向開內地鎮市章程，一體辦理。應得優例及利益等，亦當一律享受。一、湖北省荊州府沙市，二、四川省重慶府，三、江蘇省蘇州府，四、浙江省杭州府。日本政府得派遣領事官於前開各口駐紮。

第二，日本輪船，得駛入下開各口，附搭行客，裝運貨物。一、從湖北省宜昌溯長江以至四川省重慶府，二、從上海駛進吳淞江及運河，以至蘇州府、杭州府。日中兩國，未經商定行船章程以前，上開各口行船，務依外國船隻駛入中國內地水路現行章程照行。

第三，日本臣民，在中國內地購買經工貨件，若自生之物，或將進口商貨運往內地之時，欲暫行存棧，除勿庸輸納稅鈔，派征一切諸費外，得暫租棧房存貨。○第四，日本臣民，得在中國通商口岸城邑，任便從事各項工藝製造，又得將各項機器，任便裝運進口，只交所訂進口稅。日本臣民，在中國製造一切貨物，其於內地運送稅、內地稅、鈔課雜派，以及在中國內地，沾及寄存棧房之益，即照日本臣民運入中國之貨物，一體辦理，至應享優例豁除，亦莫不相同。

嗣後如有因以上加讓之事，應增章程規條，即載入本款所稱之行船通商條約內。

第七款　日本軍隊現駐中國境內者，應於本約批准互換之後三個月內撤回，但須照次款所定辦理。

第八款 中國為保明認真實行約內所訂條款，聽允日本軍隊，暫行占守山東省威海衛。又於中國將本約所訂第一第二兩次賠款交清，通商行船約章亦經批准互換之後，中國政府與日本政府，確定周全妥善辦法，將通商口岸關稅，作為剩款並息之抵押，日本可允撤回軍隊。倘中國政府不即確定抵押辦法，則未經交清末次賠款之前，日本應不允撤回軍隊；但通商行船約章未經批准互換以前，雖交清賠款，日本仍不撤回軍隊。

第九款 本約批准互換之後，兩國應將是時所有俘虜，盡數交還。中國約將由日本所還俘虜，並不加以虐待，若或置於罪戾；中國約將認為軍事間諜，或被嫌逮系之日本臣民，即行釋放；並約此次交仗之間，所有關涉日本軍隊之中國臣民，概予寬貸，並飭有同不得擅為逮系。

第十款 本約批准互換日起，應按兵息戰。

第十一款 本約奉大日本帝國大皇帝陛下，及大清帝國大皇帝陛下批准之後，定於明治二十八年五月初八日，即光緒二十一年四月十四日，在煙臺互換。

五、中日和約及其功罪

觀李鴻章此次議和情狀，殆如春秋齊國佐之使於晉、一八七〇年法爹亞士之使於普。當戎馬壓境之際，為忍氣吞聲之言，旁觀猶為酸心，況鴻章身歷其境者！回視十年前天津定約時之意氣，殆如昨夢。嗟乎！應龍入井，螻蟻困人，老驥在櫪，駑駘目笑，天下氣短之事，孰有過此者耶？當此之際，雖有蘇、張之辯，無所用其謀；雖有賁、育之力，無所用其勇。舍卑詞乞憐之外，更有何術？或者以和議之速成為李鴻章功，固非也，雖無鴻章，日本亦未有不和者也。而或者因是而叢詬於李之一身，以為是秦檜也，張邦昌也，則盍思使彼輩處李之地位，其結局又將何如矣？要之，李之此役，無功焉，亦無罪焉。其外交手段，亦復英雄無用武之地。平心論之，則李之誤國，在前章所列失機之十二事，而此和議，不過其十二事之結果，無庸置論者也。

第九章
外交家之李鴻章（下）

第九章　外交家之李鴻章（下）

一、三國代索遼東

十九世紀之末，有中東一役，猶十八世紀之末，有法國革命也。法國革命，開出十九世紀之歐羅巴；中東一役，開出二十世紀之亞細亞。譬猶紅日將出，雞乃先鳴；風雨欲來，月乃先暈，有識者所能預知也。當中日未戰以前，歐人與華人之關係，不過傳教、通商二事；及戰後數年間，而其關係之緊密，視前者驟增數倍；至今日，則中國之一舉一動，皆如與歐人同體相屬，欲分而不能分矣。此其故由於內治之失政者半，由於外交之無謀者亦半。君子讀十年來中外交涉史，不禁反面掩袖涕涔涔下也。

戰事之前，中國先求調停於英、俄，此實導人以干涉之漸也。其時日人屢言東方之事，願我東方兩國自了之，無為使他國參於其間。顧我政府蓄憤已甚，不能受也，唯欲嗾歐人以力脅日本。俄使回言，俄必出力，然今尚非其時。蓋其處心積慮，相機以逞，固早有成算矣。乙未三月，李鴻章將使日本，先有所商於各國公使。俄使喀希尼曰：「吾俄能以大力拒日本，保全中國疆土，唯中國必須以軍防上及鐵路交通上之利便以為報酬。」李乃與喀希尼私相約束，蓋在俄使館密議者數日夜云。歐力東漸之機，蓋伏於是。

當時中國人欲借歐力以拒日者，不獨李鴻章而已，他人殆有甚焉。張之洞時署江督，電奏爭和議曰：「若以賂倭者轉而賂俄，所失不及其半，即可轉敗為勝，懇請飭總署及出使大臣，與俄國商訂密約，如肯助我攻倭，脅倭盡廢全約，即酌量畫分新疆之地以酬之，許以推廣商務。如英肯助我，報酬亦同」云云。當時所謂外交家者，其眼光手段大率類是，可嘆。

馬關定約未及一月，而俄國遂有與德、法合議逼日本還我遼東之事。俄人代我取遼，非為我計，自為計也。彼其視此地為己之勢力範圍，匪伊朝夕，故絕不欲令日本得鼾睡於其臥榻之側也，故使我以三十兆兩代彼購還遼東於日本之手。先市大恩於我，然後徐收其成，俄人外交手段之巧，真不可思議！而李鴻章一生誤國之咎，蓋未有大於是者。李鴻章外交之歷史，實失敗之歷史也。

二、中俄密約

還遼事畢，喀希尼即欲將前此與李私約者，提出作為公文，以要求於總署。值物議沸騰，皇上大怒，鴻章罷職，入閣閒居，於是暫緩其請，以待時機。丙申春間，有俄皇加冕之事，各國皆派頭等公使往賀，中國亦循例派遣，以王之春嘗充唁使，故賀使即便派之。喀希尼乃抗言曰：「皇帝加冕，俄國最重之禮也。故從事斯役者，必國中最著名之人，有聲譽於列國者方可。王之春人微言輕，不足當此責。可勝任者，獨李中堂耳。」於是乃改派李為頭等公使。喀希尼復一面賄通太后，甘誘威迫，謂還遼之義舉，必須報酬，請假李鴻章以全權，議論此事。而李鴻章請訓時，太后召見，至半日之久，一切聯俄密謀，遂以大定。

李鴻章抵俄京聖彼得堡，遂與俄政府開議喀希尼所擬草約底稿。及加冕之期已近，往俄舊都莫斯科，遂將議定書畫押。當其開議也，俄人避外國之注目，不與外務大臣開議，而使戶部大臣當其衝，遂於煌煌巨典萬賓齊集之時，行明修棧道、暗度陳倉之計。而此關係地球全局之事，遂不數日而取決於樽俎之間矣。俄人外交手段之剽悍迅疾，真可羨可畏哉！時丙申四月也。

密約之事，其辦訂極為祕密，自中俄兩國當事之數人外，幾於無一知者。乃上海《字林西報》竟於李鴻章歷聘未歸之時，得其密約原文，譯錄以登報上，蓋聞以重金購之於內監云。其全文如下：

大清國大皇帝前於中日肇釁之後，因奉大俄羅斯國大皇帝仗義各節，並願將兩國邊疆及通商等事於兩國互有益者，商定妥協，以固特別和好，是以特派大清國欽命督辦軍務處王大臣為全權大臣，會同大俄羅斯國欽差出使中國全權大臣一等伯爵喀，在北京商定，將中國之東三省火車道接連俄國西卑里亞省之火車道，以冀兩國通商往來迅速，沿海邊防堅固，並議專條以答代索遼東等處之義。

第一條 近因俄國之西卑里亞火車道竣工在即，中國允準俄國將該火車道一由俄國海參崴埠續造至中國吉林琿春城，又向西北續至吉林省城止；一由俄國境某城之火車站續造至中國黑龍江之愛琿城，又向西北續至齊齊哈爾省城，又至吉林伯都訥地方，又向東南續造至吉林省城止。

第二條 凡續造進中國境內黑龍江及吉林各火車道，均由俄國自行籌備資本，其車道一切章程，亦均依俄國火車章程，中國不得與聞。至其管理之權，亦暫行均歸俄國，以三十年為期，過期後，準由中國籌備資本，估價將該火車道並一切火車機器廠房屋等贖回。唯如何贖法，容後再行妥酌。

第三條 中國現有火車路，擬自山海關續造至奉天盛京城，由盛京接續至吉林。倘中國日後不便即時造此鐵路者，準由俄國備資由吉林城代造，以十年為期贖回。至鐵路應由何路起造，均照中國已勘定之道接續至盛京並牛莊等處地方止。

第四條　中國所擬續造之火車道，自奉天至山海關、至牛莊、至蓋平、至金州、至旅順口以及至大連灣等處地方，均應仿照俄國火車道，以期中俄彼此來往通商之便。

第五條　以上俄國自造之火車道所經各地方，應得中國文武官員照常保護，並應優待火車道各站之俄國文武各官，以及一切工匠人等。唯由該火車道所經之地，大半荒僻，猶恐中國官員不能隨時保護周詳，應準俄國專派馬步各兵數隊駐紮各要站，以期妥護商務。

第六條　自造成各火車道後，兩國彼此運進之貨，其納稅章程，均準同治元年二月初四日中俄陸路通商條約完納。

第七條　黑龍江及吉林長白山等處地方所產五金之礦，向有禁例，不準開挖。自此約定後，準俄國以及本國商民隨時開采，唯須應先行稟報中國地方官具領護照，並按中國內地礦務條程，方準開挖。

第八條　東三省雖有練軍，唯大半軍營仍系照古制辦理，倘日後中國欲將各省全行改仿西法，準向俄國借請熟悉營務之武員來中國整頓一切，其章程則與兩江所請德國武員條程辦理無異。

第九條　俄國向來在亞細亞洲無周年不凍之海口，一時該洲若有軍務，俄國東海以及太平洋水師，諸多不便，不得隨時駛行。今中國因鑒於此，是以情願將山東省之肢州地方暫行租與俄國，以十五年為限。其俄國所造之營房、棧房、機器廠、船塢等類，準中國於期滿後估價備資買入。但如無軍務之危，俄國不得即時屯兵據要，以免他國嫌疑。其賃租之款，應得如何辦理，日後另有附條酌議。

第十條　遼東之旅順口以及大連灣等處地方，原系險要之處，中國極應速為整頓各事，以及修理各炮臺等諸要務，以備不虞。既立此約，則俄國允準將此二處相為保護，不準他國侵犯。中國則允準將來永不能讓與他國占踞，唯日後如俄國忽有軍務，中國準將旅順口及大連灣等處地方，暫行讓與俄國水陸軍營泊屯於此，以期俄軍攻守之便。

第十一條　旅順口、大連灣等處地方，若俄國無軍務之危，則中國自行管理，與俄國無涉。唯東三省火車道以及開挖五金礦諸務，準於換約後即時便宜施行，俄國文武官員以及商民人等所到之處，中國官員理應特別優待保護，不得阻滯其遊歷各處地方。

第十二條 此約奉兩國御筆批准後，各將條約照行，除旅順口、大連灣及膠州諸款外，全行曉諭各地方官遵照。將來換約應在何處，再行酌議，自畫押之日起以六個月為期。

中俄密約以前為一局面，中俄密約以後為一局面。蓋近年以來，列國之所以取中國者，全屬新法，一曰借租地方也，二曰某地不許讓與他國也，三曰代造鐵路也，而其端皆自此密約啟之。其第九條借租膠州灣，即後此膠、威、廣、旅、大之嚆矢也。其第十條旅順、大連不許讓與他人，即各國勢力範圍之濫觴也。而鐵路一端，斷送祖宗發祥之地，速西伯利亞大路之成，開各國覬覦紛爭之漸者，固無論矣。嗚呼！牽一髮，動全身，合九州，鑄大錯。吾於此舉，不能為李鴻章恕焉矣。

或曰：此約由太后主之，督辦軍務處王大臣贊之，非鴻章本意雲。雖然，莫斯科草約定於誰氏之手乎？此固萬無能為諱者也。自此約原文既登報章後，各國報館，電書紛馳，疑信參半，無論政府民間，莫不驚心動色。鴻章遊歷歐洲時，各國交相詰問，唯一味支吾搪塞而已。其年七月，莫斯科畫押之草約達北京，喀希尼直持之以與總署交涉，皇上與總署皆不知有此事，愕怒異常，堅不肯允。喀希尼復賄通太后，甘言法語，誘脅萬端，太后乃嚴責皇上，直命交督辦軍務處速辦，不經由總理衙門。西曆九月三十日，皇上揮淚批准密約。

三、李鴻章歷聘歐洲 任外交官時代

李鴻章之賀俄加冕也，兼歷聘歐洲，皆不過交際之常儀。若其有關於交涉者，則定密約與議增稅兩事而已。中國舊稅則，凡進口貨物，值百抽五，此次以賠款之故，欲增至值百抽七五。首商諸俄國，俄允之；次商諸德、法，德、法雲待英國取進止；既至英，與宰相沙士勃雷提議。其時英與中國之感情甚冷落，且以中俄密約之故，深有疑於李鴻章，沙氏乃託言待商諸上海各處商人，辭焉，此事遂無所成。

李之歷聘也，各國待之有加禮，德人尤甚，蓋以為此行必將大購船炮槍彈，與夫種種通商之大利，皆於是乎在。及李之去，一無所購，歐人蓋大失望雲。李之至德也，訪俾斯麥；其至英也，訪格蘭斯頓，咸相見甚歡，皆十九世紀世界之巨人也。八月，鴻章自美洲歸國。九月十八日，奉旨在總理各國事務衙門行走。自茲以訖光緒廿四年戊戌七月，實為李鴻章專任外交時代。而此時代中，則德據膠州，俄據旅順口、大連灣，英據威海衛、九龍，法據廣州灣，實中國外交最多事最危險之時代也。

四、膠州之役 旅順大連威海廣州灣九龍之役

還遼之役，倡之者俄，而贊之者德、法也。俄人既結密約，得絕大無限之權利於北方，躊躇滿志；法人亦於光緒廿二年春夏間，得滇、緬、越間之甌脫地，又得廣西鎮南關至龍州之鐵路；唯德國則寂寂未有所聞。廿三年春，德使向總理衙門索福建之金門島，峻拒絕許，至十月而膠州之事起。

是役也，德國之橫逆無道，人人共見。雖然，中國外交官固有不得辭其咎者。夫始而無所倚賴於人，則亦已耳，既有倚賴，則固不得不酬之；能一切不酬則亦已矣，既酬甲酬乙，則丙亦宜有以酬之三國還遼，而唯德向隅，安有不激其憤而速其變者？不特此也，《中俄密約》中聲明將膠州灣借與俄人，是俄人所得權利，不徒在東三省而直侵入山東也。方今列國競爭優勝劣敗之時，他國能無妒之？是德國所以出此橫逆無道之舉

者，亦中國有以逼之使然也。歲十月，曹州教案起，德教士被害者二人。德人聞報，即日以兵船闖進膠州灣，拔華幟，樹德幟，總兵章高元擄焉。警報達總署，與德使開議，德使海靖唯威嚇恐喝，所有哀乞婉商者，一切拒絕。欲乞援於他國，無一仗義責言，為我訟直者。遷延至兩月有餘，乃將所要挾六事，忍氣吞聲，一一允許，即將膠、澳附近方百里之地，租與德國九十九年；山東全省鐵路礦務，歸德國承辦等事，是也。

膠事方了，旋有一重大之波瀾起焉。初李鴻章之定《馬關條約》也，約以三年內若能清還，則一概免息，而前者所納之息，亦以還我，又可省威海衛戍兵四年之費，共節省得銀二千三百二十五萬兩。至是三年之期限將滿，政府欲了此公案，議續借款於外國。廿三年十一月，俄人議承借此項，而求在北方諸省設鐵路及罷斥總稅務司赫德二事。英人聞之，立與對抗，亦欲承借此項，利息較輕，而所要求者，一、監督中國財政，二、自緬甸通鐵路於揚子江畔，三、揚子江一帶不許讓與他國，四、開大連灣為通商口岸，五、推廣內地商務，六、各通商口岸皆免厘金。時總理衙門欲諾之，俄、法兩國忽大反對，謂若借英國款，是破列國均勢之局也。日以強暴之言脅總署，總署之人不勝其苦，正月，乃回絕各國，一概不借，而與日本商議，欲延期二十年攤還，冀稍紓此急難，不意日本竟不允許。當此之時，山窮水盡，進退無路，乃以赫德之周旋，借滙豐銀行、德華銀行款一千六百萬磅，吃虧甚重，僅了此局。

膠州灣本為《中俄密約》圈內之地，今德國忽攫諸其懷而奪之，俄人之憤憤，既已甚矣，又遇有英、德阻俄借款一事，俄人暴怒益烈，於是光緒二十四年正、二月間，俄國索旅順、大連灣之事起。李鴻章為親訂密約之人，欲辯無可辯，欲諉無可諉，卒乃與俄使巴布羅福新結一約，將旅順口、大連灣兩處及鄰近相連之海面，租與俄國，以二十五年為期，並準俄人築鐵路從營口、鴨綠江中間，接至濱海方便之處。

俄人既據旅順、大連，英國藉口於均勢之局，遂索威海衛。時日本之賠款方清，戍兵方退，英人援俄例借租此港，二十五年為期，其條約一依旅順、大連故事。時李鴻章與英使反覆辯難，英使斥之曰：「君但訴諸俄使，勿訴諸我，俄使干休，我立干休。」李無詞以對焉，狼狽之情，可憫可嘆。所承其半點哀憐者，唯約他日中國若重興海軍，可借威海衛泊船之一事而已。

至是而中國割地之舉，殆如司空見慣渾閒事矣。當俄、法與英為借款事衝突也，法人借俄之力，要求廣州灣，將以在南方為海軍根據地。其時英國方迫我政府開西江一帶通商口岸，將以壟斷利權。法人見事急，乃效德國故智，竟闖入廣州灣，而後議借租之，以九十九年為期。中國無拒之之力，遂允所請。

英國又援均勢之說，請租借九龍以相抵制，其期亦九十九年。定議畫押之前一日，李鴻章與英使竇納樂抗論激烈。李曰：「雖租九龍，不得築炮臺於其山上。」英使憤然拍案曰：「無多言！我國之請此地，為貴國讓廣州灣於法以危我香港也。若公能廢廣州灣之約，則我之議亦立刻撤回。」鴻章呑聲飲淚而已。實光緒二十四年四月十七日也。

五、李鴻章出總署

至五月間，尚有英、俄激爭之一事起，即蘆漢鐵路與牛莊鐵路事件是也。初盛宣懷承辦蘆漢鐵路，於廿三年三月，與比利時某公司訂定借款，約以本年西正月交第一次。及德占膠州後，該公司忽渝前盟，謂非改約，則款無所出。盛宣懷與李鴻章、張之洞等商，另與結約，而新結之約，不過以比利時公司為傀儡，而實權全在華俄銀行之手。華俄銀行者，實不啻俄國政府銀行也。以此約之故，而黃河以北之地，將盡入俄國主權之內，而俄人西伯利亞之鐵路，將以彼得堡為起點，以漢口為終點矣。英人大妒之，乃提議山海關至牛莊之鐵路歸英國承辦，將以橫斷俄國之線路。俄公使到總署大爭拒之，英、俄兩國幾於開戰，間不容發，而皆以中國政府為心，萬種難題，集於外交官數人之身。其時皇上方親裁大政，百廢俱舉，深恨李鴻章以聯俄誤國，乃以七月廿四日，詔李鴻章毋庸在總理各國事務衙門行走。於時外交之風浪暫息，而李鴻章任外交官之生涯亦終矣。

案義和團時代李鴻章之外交於第十一章論之。

西人之論曰：李鴻章大手段之外交家也。或曰：李鴻章小狡獪之外交家也。夫手段狡獪，非外交家之惡德。各國並立，生存競爭，唯利是視，故西哲常言個人有道德，而國際無道德。

試觀列國之所稱大外交家者，孰不以手段狡獪得名哉？雖然，李鴻章之外交術，在中國誠為第一流矣；而置之世界，則瞠乎其後也。李鴻章之手段，專以聯某國製某國為主，而所謂聯者，又非平時而結之，不過臨時而嗾之，蓋有一種《戰國策》之思想，橫於胸中焉。觀其於法、越之役，則欲嗾英、德以製法；於中、日之役，則欲嗾俄、英以制日；於膠州之役，則又欲嗾俄、英、法以制德，卒之未嘗一收其效，而往往因此之故，所失滋多，膠州、旅順、大連、威海、廣州灣、九龍之事，不得不謂此政策為之厲階也。夫天下未有徒恃人而可以自存者。泰西外交家，亦嘗汲汲焉與他國聯盟，然必我有可以自立之道，然後可以治人而不治於人。若今日之中國，而言聯某國聯某國，無論人未必聯我，即使聯我，亦不啻為其國之奴隸而已矣，魚肉而已矣。李鴻章豈其未知此耶？吾意其亦知之而無他道以易之也。要之，內治不修，則外交實無可辦之理。以中國今日之國勢，雖才十倍於李鴻章者，其對外之策，固不得不隱忍遷就於一時也，此吾所以深為李鴻章憐也。雖然，李鴻章於他役，吾未見其能用手段焉，獨《中俄密約》，則其對日本用手段之結果也。以此手段而造出後此種種之困難，自作之而自受之，吾又何憐哉！

案膠州以後諸役，其責任不專在李鴻章，蓋恭親王、張蔭桓皆總理衙門重要之人，與李分任其咎者也，讀者不可不知。

第十章
投閒時代之李鴻章

第十章　投閒時代之李鴻章

一、日本議和後入閣辦事 巡察河工

自同治元年以迄光緒二十七年，凡四十年間，李鴻章無一日不在要津。其可稱為閒散時代者，則乙未三月至丙申三月間凡一年，戊戌八月至庚子八月間凡兩年而已。戊己庚之間，鴻章奉命治河，旋授商務大臣總督兩廣。在他人則有最優之差，而按之李鴻章一生歷史，不得不謂為投閒也。其閒之又閒者，為乙丙之間入閣辦事，及戊戌八月至十一月退出總理衙門，無可論述。至其治河、治粵，固亦有異於常人者焉，附論及之，亦作史者之責任也。

中國黃河，號稱難治，數千年政論家，皆以之為一大問題，使非以西人治密士失必河之法治之，則絕不可以斷其害而收其利。當戊戌八月以後，李鴻章方無可位置，於是政府以此役任之，此亦可為河防史上添一段小小公案也。今錄其奏議所用比國工程師盧法爾勘河情形原稿如下：

一、雒口至鹽窩沿河情形

河身。黃河自河南龍門口改道以來，水性趨下，由北而東，奔流山東，入大清河，遂取道入海。其始東奔西突，人力難施，至兩年以後，河流已定，方築堤岸。河流曲折，其堤岸亦因之而曲折。迨河流變遷，堤岸不能俱隨之變遷。臨水遠近不等，然堤岸全無保護，任水漂刷。現在小水河面，約寬九十丈至一百五十丈，河底則深淺不一。有河面寬處，水深僅四五尺，不便行船者；有河面忽窄，水深至三丈者。河流朝夕改道，旋左旋右，臨流之岸，即為沖刷，帶至流緩之處，又淤為灘。官民則任水所為，向無善策，唯於險處救急，決處補苴。而沿河常見岸土，於四五足高處，塌陷入水，際此隆冬，水小流緩，尚且如此，化凍之後，大汛之時，水大流急，更當如何？下游低岸如此，上游土山一帶，不問可知。無怪黃河泥沙之多，為五大洲群流之最也。大汛時堤內沙灘，全為漫淹，因河底淺深不一，河身亦俯仰不一，故流水速率，處處不同。且下游之地極平，每里高低，不逾五寸，河流甚緩。容水之地，日益以隘，淤墊日高，年復一年，險上加險。職此之故，堤外之地，較堤內之灘，有低一尺者，有低至七八尺者。監工路過楊史道口時，曾將河面測量，計水面寬百三十八丈，河底最深二丈三尺，流水速率一秒鐘約四尺。按此推算，每秒鐘過水之數，約五萬七千四百五十六立方尺，容水面積約一萬三千六百八十方尺。又在鹽窩上游測量，計此處水面僅寬一百零二丈，河底最深一丈二尺，容水面積約九千一百八十方尺。斯時楊史道口尚未合籠，太溜半歸決口，不走鹽窩，理合聲明。至盛漲時，過水數目，言人人殊。按照兩處地方文武官員所指示水志，計楊史道口容水面積應系三萬六千一百八十方尺。鹽窩容水面積應在二萬四千四百八十方尺。因大水速率，無從探詢，致過水之數，不能復計。然不知進水之數，斷難定河面寬窄堤岸遠近之數也。計自雒口至鹽窩約三百七十里。

民埝。濱河之堤，謂之民埝，系民所修，官所守，為現時東水最要之堤也。民埝距水，遠近不等，有即在水濱者，有離水至三四里者，當時修造，任意為之，並無定理，甚至其彎曲有令人不可解者。其高低厚薄，亦各處互異，有高於現時水面九尺者，有高至一丈五尺者，高逾沙灘五尺至八尺不等，高逾堤外之地亦九尺至一丈五尺不等，其堤頂有寬二丈四尺者，有寬三丈六尺者，新築之埝則較厚。忽高忽低，忽厚忽薄，其收坡亦斜直不同，良可異也。看守民埝，未甚周密，為水挖刷之處頗多，並無隨時修理，積年累月，不至於決陷者幾希。民埝皆以極松淤土為之，並無焦泥，入地不深。即有焦泥，不難挑取。埝頂可行大車、坐車、手車，軌道甚深，過路處或堤坡而上下，或截堤而低之。堤上築蓋民居，並不加寬培厚，凡此皆最易損堤者。查泰西各國堤工坡上種青草，不憚講求，不惜鉅費，蓋草根最能護堤也。此處之堤，都不種草，一二處偶爾有草，為民芟除淨盡，甚至連根拔起。據雲系取以燒鍋，或餵牲口，殊不知無草則堤難保，堤難保則水患不旋踵矣。愚民不思，其屬可嗤。耙草之器，最能損堤，應懸厲禁，不準行用，此亦保堤之一道。蓋草既拔去，堤復耙松，大風一起，堤土飛揚，堤頂遂逐漸而低，堤身亦逐漸而薄，此器為害，不亦大哉？沿河之堤，有種柳已成蔭者，有初栽僅盈尺者。柳根最能固堤，應於沿河堤岸一律遍栽，設法保護，不準攀折。並行種藤，更為堅實，柳條籐條，俱可編埽，築堤較稭料堅固遠甚，且可隨處就近取材，毋須更出資採買，一舉兩得，莫妙於此，何憚而不為之耶？

大堤。大堤系公家所修，距民埝甚遠，而遠近處處不周，且多彎曲，殊不可解。現在此堤雖有如無，大不可恃。堤上居民鱗次櫛比，全成村落，即取堤土以築其居，致堤殘缺不全。且過路之處，切與地平，竟成大口。堤上坡上，亦多種麥，頗能損堤。盛漲時民埝尚決，大堤未有不潰者也。該堤寬處，其頂尚有三丈六尺，高一丈二尺至一丈六尺不等，然完整者絕少。聞楊史道口水決民埝竟能走溜入小清河，淹溺村落，貽害居民者，良以大堤舊口未修，使水有隙可乘耳，詢諸河官，何以大堤之口不堵？據答百姓不願，今若修大堤，則千餘村之居民，必環起而攻等語。可見修大堤非特無益，且不洽輿情也。大堤之外，居民甚多，有數百十戶成村者，有四五家自立門戶者，或築圍堤自護，或建高阜而居，大抵皆預作防水之計。村外周圍之地，頗屬膏腴，居民即以之耕耘，以供飲啄。此外尚有斜堤攔壩，皆以保此村田者也，然殘廢亦與大堤同。若民埝出險，不足恃也。

險工。沿河一帶，險工最多。凡頂沖之處，或已決之處，皆有工程。其工程磨盤埽居，多以稭料覆土，層壘為之，形如磨盤，或緊貼於岸、或接連於堤，其形勢紛歧不一，即高低厚薄，亦每埽不同，每埽錯落參差，絕不相連，中仍走水，以使三面受敵，不知何意。鄙見數埽應一氣呵成，不存罅隙，既省料工，更形堅固。且料埽入水，削如壁立，不作斜坡，適足以當沖，不能使水滑過，似非得法。至稭料亦非經久之物，因其中有心，質如燈草，最能吸水，使料易於腐爛，料爛則與沙土同。毫無勁力矣。監工曾見舊埽數處，雖形勢相連，而根基已壞，一經盛漲，必即漂流，民埝定為所累，或雲稭料為本地土產，用廣價廉，舍此別無他料。誠能如監工前篇所言，多種藤柳，數年之後，便可足用，更毋須以巨萬金錢造此不經久之事。或又雲料埽原以挑水，一兩年後，水已收道，料埽雖爛，亦復何慮。監工殊不謂然。若不改弦更張，恐搶險不過養疽耳。為今之計，雖無他料可用，其埽工應先行改式。傍岸者使之聯成一片，作斜坡入水，以導其流，並須多用木樁，牽連於岸，以堅固麻繩系之，其護埽所抛之石，亦宜加粗加多，位置得法，方可御沖刷之力。監工曾見有以石塊排於埽上者，鎮壓稭料，不使為風吹去，抑何可笑。此外尚有石堤，如北鎮一帶，尚稱穩固，亦鹽窩石堤，則已根底全虛，所未即坍圮者，賴尚有石灰黏湊，然亦不能久矣。

二、鹽窩至海口尾閭情形

黃河尾閭，已由鹽窩改道三次，首次向東北由鐵門關入海，二次向東由韓家垣入海，三次廟東南由絲網口入海。今謹將三處情形次第言之，尚有新挑引河一條，亦並論及。

鐵門關海口。此系大清河尾閭。黃河改道山東以來，由此入海，歷三十餘年，至韓家垣決口，舍東北而向正東。今鐵門關一道，前半已淤墊甚高，河身成為平地，莫可辨識，左右兩堤，盡成村落。鐵門關以下，堤已盡矣，一派黃沙，地極瘠苦。約距鐵門關下游八里，河形復見有水直通於海，河邊之地，雖系沙灘，而沙下不深，便有混土。河中之木，平時深約二尺，大潮可漲至三四尺，可至蕭神廟，若東北風大作，可增至五六尺不等，由三溝子起有船隻可以出海，往來煙臺。此次因河凍地潮，不能出海察勘，僅至三溝子以下十里，滿地葦草，大潮所經，遂返轡不復前進。據土人言，往下八里，已見尋常潮汐，再往下十二里，便為海濱。海口有攔門沙，潮退時，僅深二尺。此沙共長寬若干，未曾復勘，揣度必不甚小。計自鹽窩至鐵門關，海口約一百一十里。

韓家垣海口。自韓家垣決口，黃河尾閭，取道於此，垂八九年，近復改道東南。韓家垣一帶，已無黃河蹤跡，唯自新蕭神廟以下，距海約六十里之遙，復見河形，中亦有水，系最低之地，積水不消。聞距海約十一里，此河分為兩溜，狀如燕尾，然亦不深。海口亦有攔門沙，潮退時，直塞口門，不容河水瀉出。此攔門沙露出水面，寬約二里。查韓家垣一道，並未築堤。計自鹽窩至韓家垣海口，約一百里。

新挑引河。此河系於韓家垣決口之後，特於口門之下，挑挖一道，以便引水至蕭神廟舊槽入海。然當時深僅四五尺，寬僅三丈，現在尚無此數。彎曲甚多，此河計長四十里，若取直共有二十五里，大約系循原有水道挑挖節省工費之故。河底以蕭神廟韓家垣兩處，挖深三尺，便有泥土，亦有泥土竟見於地面者。周圍各村，均有井，深一丈一尺，即可見水，泥在水中，不甚深也。鐵門關附近，有燒瓦器之窯。該處土質，概可想見。

絲網口海口。現在黃河之由此口入海，漫散地上，並無河道。小水時分為多，溜底均不深，中有沙灘，正溜水底，深僅三四尺，有一兩處最深，亦不過一丈。將近海口，則只有一尺四五寸，此處水面甚寬，約有三百丈之多。聞海口並無攔門沙，想系流緩溜淺，其沙已於地上停淤，無可再送入海也。查北嶺子決口之時，尚有上游三處，同時開口，故絲網口水流不猛，北嶺子門之樹，至今猶豎水中，古廟一座，亦巍然獨立，是其明驗。若謂辛莊等處，房合漂流，則系土屋不堅之故，非水力洶湧有以致之也。北岸於北嶺子以下，並未設堤，唯以鐵門關南堤為北岸，以護村落而已。南岸則由鹽窩起新行接築，一堤距水約遠二里，計自鹽窩至絲網口海口約九十里。

三、酌量應辦治河事宜

治河如治病，必須先察其原。欲察其原，必須先按脈理，方知其病原之所在，然後施藥。不特厥疾可療，而且永無後患。若但按瘡敷藥，不問其毒發於何處，非良醫之所為也。黃河在山東為患，而病原不在於山東。若只就山東治黃河，何異於按瘡敷藥？

雖可一時止痛，而不久舊疾復作矣，蓋其毒未消，其病根未拔也。夫水性猶人，初本善也，若不導之、教之，性乃遷矣。天之生水，原以養人，何嘗以害人？乃人不知其性，不防其遷，遂使肆為暴虐，生民昏墊，國帑虛糜，終無底止。推原其故，良因治水僅就一隅，不籌全局。今若一誤再誤，恐徒勞無功耳。欲求一勞永逸，宜先就委竊原。由山東視黃河，黃河只在山東。由中國視黃河，則黃河尚有不在山東者，安知山東黃河之患，非從他處黃河而來？故就中國治黃河，黃河可治。若就山東治黃河，黃河恐終難治。請詳言之，溯黃河之源，出於星宿海，取道甘肅，流入蒙古沙漠，改道多次，始至山西，已挾沙而來矣，道出陝西，又與渭水匯流，其質更濁，再穿土山向東而出，拖泥帶水，直入河南，所至披靡，水益渾矣。此即黃河之病原也。下游之病良由此，主治之宜在病原加意。蓋下游停淤之沙，系從上游拖帶而來。上游地高，勢如建瓴，且兩面有山約束之，水流極速，沙不能停，迨一過滎澤一派，平原水力遂殺，流緩則沙停。沙停則河淤，河淤過高，水遂改道，此自然之理。證諸往事，已有明證。唯一河改道，萬姓遭殃，轉於溝壑，死於饑寒，從古迄今，不知凡幾。而黃河則南遷北徙，暢所欲為，以開封為中心，自辟半徑之路，於揚於江北中間千五百里扇形之地，任意穿越，雖齊魯諸大峰，亦難阻制。河水所經之處，沙停灘結，民嘆其魚，防不勝防，迄無良策，補偏救弊，勞民傷財，其禍較疾病刀兵尤為猛烈。然天下無不治之水，雖非易事，尚非人力難施。其法維何？曰求諸算學而已。

治法。夫治法豈易言哉！黃河延袤中國境內，計一萬餘里之長。地勢之高低，河流之屈曲，水性之緩急，含沙之多少，向未詳細考究，並無圖表。問諸水濱，亦鮮有能答之者。今欲求治此河，有應行先辦之事三：一、測量全河形勢。凡河身寬窄深淺，堤岸高低厚薄，以及大水小水之淺深，均須詳志；一、測繪河圖，須纖悉不遺；一、分段派人查看水性，較量水力，記載水志，考求沙數，並隨時查驗水力若干，停沙若干。凡水性沙性，偶有變遷，必須詳為記出，以資參考。以上三事，皆極精細，而最關緊要者，非此無以知河水之性，無以定應辦之工，無以導河之流，無以容水之漲，無以防患之生也。此三事未辦，所有工程，終難得當，即可稍紓目前，不旋踵而前功盡隳矣。若測繪既詳，考究覆審，全局在握，便可參酌應辦工程，以垂久遠，猶須各省黃河，統歸一官節制，方能一律保護，永無後患，但照此辦理，經費必鉅。然欲使一勞永逸，宜先籌計每年養河之費若干，堵築之費若干，蠲免糧錢若干，賑濟撫卹若干，財產淹沒若干，民命死亡若干，併除弊後能興利若干，積若干年共計若干，較所費之資，孰輕孰重，孰損孰益，不至於猶豫矣。按照圖志，可以知某處水性地勢，定其河身。由河身，即可定水流之速率，不使變更；水面之高低，不使游移。凡河底之淺深，河岸之堅脆，工料之松固，均可相因，無意外之慮。此皆算學精微之理，不能以意為之。定河身最為難事。須知盛漲水高若干，其性若何，停沙於河底者幾多，停沙於灘面者幾多，漲之高低、速率不同。定河身須知各等速率，方能使無論高低之漲，其速率均足刷沙入海。河形彎曲，致生險工，亦須酌改，然大非易事，非詳慎推算不為功。蓋裁彎取直則路近，路近則低率，即地勢高低之數增。低率增則速率亦增，速率增則過水之數亦增，於盛漲時尤宜並上下游通行籌算後，方可裁去一彎。蓋裁彎能生他險，不可不慮，此亦非但憑眼力可為之事。

河堤所資以束水者也，須並河身一同推算。即入水斜坡，統須堅固，以御異常盛漲，方不至誤事。至堤之高低、厚薄，則視土性之松實，料質之堅脆耳。至應如何造法，亦須視水線高低，水力緩急。所需材料，總以能御水挖為妙，不必盡用石堤，亦毋庸盡用料埽，蓋土堤築造堅實，護以柳樹草片，亦足以御尋常水力。查各國護河之堤，多以土為之，並無全用石工者。但須推算合法，位置得宜，看守不懈，勿任踐踏耳。其石堤料場，只於險處用之。總而言之，可省者宜省，不可省者必不宜省，然非測算精詳不可。監工茲繪堤式兩種，似與黃河合宜，何處應用何式，則俟臨時查勘，因地制宜，非謂全河均應改用也。唯無論需用何種材料，均須採擇上品者方能堅久。大水時河流至堤根，小水時河流在兩岸之中。而堤與岸均系鬆土，常為急流挾之以去即化為沙，至流緩處，淤成高灘，積漸遂生危險。此固可慮，而尤可慮者，上游各土山隨時坍塌入水，流至下游，為患甚烈。應行設法保護，於過水兩岸，盡築斜坡，先護以泥，再種草片，並多栽樹木，以堅實之。有險之處，則宜於岸根打樁，以樹枝編成筐，以泥土填成塊，再疊石為牆，或砌石為坡，並拋大石塊於水底，方足以御水力。其土山兩旁，亦須拋石水底，再築石牆於其上，以阻塌陷，如此則岸土不致為水拖帶，河流可以漸清，河患自然日減。此系治河應辦緊要之工程。大溜應教常走河之中間，宜在何處設法，此時不能預定。大約須於彎處水底多築挑水壩，以導其流。挑水壩應用樹枝，或用石塊，則俟隨時斟酌情形辦理，唯稭料不能經久，且無勁力，則不可用。減水壩亦應講求，以防異常盛漲，宜即設在堤邊。應先測量地勢，察勘情形，以河流之方向，定壩口之方向。此壩須以大石並塞門德土為之。嗣後所挑之河，或已有之河，應築堅堤約束，庶所過之水，不致以鄰國為壑。此河亦須寬深不甚彎曲，且低於黃河，其河身實有容水之地，始能合用；黃河尾閭海口高仰復有攔門沙，致河水入海未暢。應用機器挖土船以挑挖之，然先築海塘，再用機器，或可事半功倍。此海塘接長河堤入海，則水力益專，能將沙攻至海中深處，為海口必不可少之工程。再用機器於攔沙挖深一道，俾水力更激，可以自劇其餘。此項工程，需費頗鉅，然各國海口均有之，黃河何獨不然？美國密西西比海口，奧國大牛白海口，前亦堵塞，今大輪船可以往來，是其明驗。法國仙納海口，前此亦有攔沙阻礙，行船最為險惡，旋經以大石填海，築造海塘，高出大潮水面，兩塘相距九十丈，塘成之日，海口竟深至二丈，至今船隻稱便。比國麥司海口，亦曾興此大工。此外尚有多處，不勝枚舉。

黃河延袤數省，關係國計民生極大。現時上游水至下游，不能即知。下游出險，上游事後方覺，聲氣不通，防範未能周密。應照永定河辦法，沿河設立電線，按段通電，隨時隨事，報知全河官弁，俾患可預弭。此為刻不容緩之事。治河之工程，既已舉行，守河之章程，亦宜釐定，俾一律恪遵，永遠辦理，方不致前功盡棄。查現在河防員弁，雖能克己奉公，而百姓踐蹋堤埽挑土砍柳鋤草諸惡習，並未廣為禁止。應妥定律例，嚴行厲禁，周密巡查，犯者懲治。堤上不準搭蓋房屋，如須行車，必專築馬路之處，特別培厚，方不至於損堤。官弁隨時稽查，稍有殘缺不整，即為修補。如此則工程可永遠完固，不致生意外之虞。黃河上游，應否建設閘壩，用以攔沙。或擇大湖用以減水，亦應考。求治河有此辦法，理合聲明。上游之山，應令栽種草木，以殺水勢。泰西各國，因山水暴發，屢次為災，飭令於源頭及瀕水諸山栽種草木，水勢遂殺，偶有一二處樹木，被人私砍，水勢即復猖狂，政府嚴行禁止，並設官專管樹木。西人重視此事，是有效驗之明證。查山水暴發，其故有二，一因山上土松，不能吸水；二因山勢陡峭，無以阻水。若遍種樹木，則樹根既能堅土，又復吸水，且可殺其勢，從容而下，不至倒瀉。倘山上不宜種樹，亦應種草，其功雖不及樹木之大，亦終勝於無。法國頒行亞爾伯諸山種樹律例以來，成效已大著矣。

四、現時應辦救急事宜

前篇治河應辦各事，既非旦夕之功。必俟全河詳細測量，估計工料，妥籌辦法。方臻美備。誠恐河流洶湧，迫不及持，亟應先辦救急事宜。庶幾現時災患不生，將來治理較易，救急之事維何？曰培修堤岸，固築險工，並疏通尾閭而已。至於更改河形以暢其流，展縮河身以順其性，保護堤岸以阻其傾，各工程應俟日後從容辦理，此時無暇及此。培修河堤之法，前篇已詳言之，毋庸再贅。唯應以埝為堤。若大堤則相距太遠，有河面過寬之患，又復殘缺不整，修無可修，即修亦無益。各處險工，宜全行固築，應派員全工察勘，估計工程。凡當沖之堤，已朽之埽，務即一律保護，其過低過薄之堤，亦應加高培厚。堤內臨水之坡，應加泥一層，以種青草，並於堤根遍栽樹木，設法禁人踐踏。此為最急之務，速辦為妙。有險處之堤根，或抛石或編壩以固之，亦須因地制宜。凡堤有所開過路之道，應即行修補，並於堤頂築造石子馬路，以便車馬往來，不至損礙。尾閭海道，最宜妥定，鐵門關、韓家垣現均淤塞，絲網口則水勢散漫，並無河槽。查此項尾閭，擇地者主見不一：有謂鐵門關淤塞處應挑通使水仍復舊道者；有謂宜仍由韓家垣舊道者；有謂應由十六戶挑引河直至鐵門關以避鹽窩險工者；有謂應由鹽窩挑一直河仍由絲網口者；有謂應於蒲臺縣三岔河引水入海者；有謂黃河應於大馬家挑河至孔家莊併入徒駭河使之入海者。大馬家在利津上游八里之地，查徒駭河形頗彎曲，孔家莊河面約寬九十丈，小水水面約六十丈，兩岸頗高，並未築堤，大水約離岸尚低八尺，其上游於禹城以下，全已淤塞，海口約距孔家莊七十里，並無攔沙。鄙意黃河未治之先，其水不應走徒駭河，蓋恐濁流入清，即使清者亦變為濁，未免可惜。如欲酌定一處，必須於各處詳細測量，品地勢之高低，察流水之方向。查現在武備學堂測量生頗具聰明，又復勤奮，四散測量，不遺餘力，惜時日太促，未能詳備，所繪之圖，只能閱其大概，況各段河中過水之數，以及地之低率，無從查考。至引河河形，唯按海口之地甚平，引河以愈短愈直愈妙。蓋河短勢直，即低率市增，流水較有力也。河身則以能容盛漲為度，兩堤則以能束水為度，又須特別堅固，以防沖決。大約海口所有舊河槽，以不用為妙，以舊槽形皆曲折，堤亦不周備，不如另擇新地酌量形勢辦理之為愈。今無論引河挑在何處，其海口必須有機器挖沙，不能恃水自刷，因河病未除，河沙未減，到處停淤之病，仍不能免，恐新挑之河，不久亦如舊口為沙堵塞不通也。鄙意引河河形，以能容水暢流為度，庶無意外之慮。減水壩為必不可少之件，應設何處，尚未詳考。有人指示濟南府城下游十八里，原有滾壩之處，似可合用。監工於歸途便道履勘，見此壩距黃河尚有五里，原造之意，係引濟南諸山清水入黃，以助攻沙，然向未啟用。壩門甚小，只有一丈四尺，又與諸河不通，若欲用之，尚須另挑引河以通小清河。查小清河河身，僅足自容，盛漲時水已漫岸，又無河堤約束，若再將黃河灌入，勢必漫浸，即濟南省城亦恐遭淹溺。鄙意如欲減水，以入徒駭河為宜，然仍須測量籌算方可定議，唯徒駭河亦須加寬添築河堤，方可合用。

以上四大端，皆系知無不言，言無不盡。是否有當，均候裁奪示遵。監工此番奉委勘河，常與司道大員及地方官合約查勘。雖各人看法稍異，而和衷共濟，為國家宣勞，為中堂效命，以國計民生為懷，作一勞永逸之想，則不約而同。蓋無分中外。咸欲贊成利國利民之大功，其胸中則毫無成見也。

盧法爾謹上

二、兩廣總督

李鴻章之督粵也，承前督李瀚章、譚鐘麟之後，百事廢弛已極，盜賊縱橫，萑苻遍地。鴻章至，風行雷厲，復就地正法之例，以峻烈忍酷行之，殺戮無算，君子病焉。然群盜懾其威名，或死或逃，地方亦賴以小安。而其最流毒於粵人者，則賭博承餉一事是也。粵中盜風之熾，其源實由賭風而來，盜未有不賭，賭未有不盜。鴻章之勸賭也，美其名曰緝捕經費，其意謂以抽賭之金為治盜之用也。是何異恐民之不為盜而以是誨之？既誨之而復誅之，君子謂其無人心矣。孟子曰：「及陷於罪，然後從而刑之，是罔民也。」夫不教而刑，猶謂罔民，況勸之使入於刑哉？揚湯止沸，拖薪救火，其老而悖耶？不然，何晚節末路，乃為此壞道德損名譽之業以遺後人也？或曰：鴻章知賭風之終不可絕，不如因而用之，以救政費之急。夫淫風固未易絕，而未聞官可以設女閭；盜風固未易絕，而未聞官可以設山泊。此等義理，李鴻章未必不知之。知之而復為之，則謂之全無心肝而已。

鴻章蒞粵，擬行警察法於省城，蓋從黃遵憲之議也。業未竟而去。

粵中華洋雜處，良莠不齊，狡黠之徒，常借入教為護符，以魚肉鄉里，而天主教及其他教會之牧師，常或袒庇而縱恣之。十年以來，大吏皆闒冗無能，老朽瀕死，畏洋如虎，以故其焰益張。李鴻章到粵，教民尚欲逞故技以相嘗試。鴻章待其牧師等，一據正理，嚴明權限，不稍假借，經一二次後，無復敢以此行其奸者。噫嘻！以數十年老練之外交家，雖當大敵或不足，然此，則誠不足以當其一噓矣。今之地方官，以辦教案為畏途者，其亦太可憐耳。

鴻章之來粵也，蓋朝旨以康黨在海外氣勢日盛，使之從事於鎮壓雲。鴻章乃捕系海外義民之家族三人焉，無罪而孥，騷擾百姓。野蠻政體，莫此為甚。或曰：非李鴻章之意也。雖然，吾不敢為諱。

第十一章
李鴻章之末路

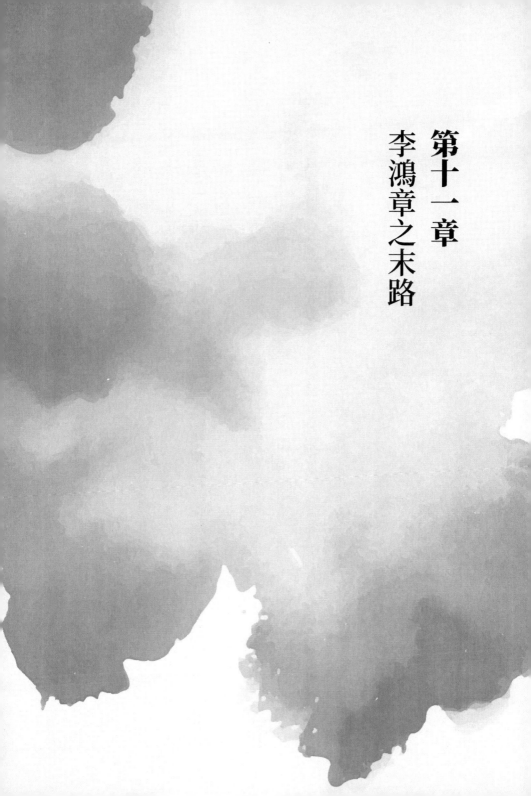

第十一章　李鴻章之末路

一、義和團之起

李鴻章最初之授江蘇巡撫也，僅有虛名，不能到任；其最後之授直隸總督也，亦僅有虛名，不能到任。造化小兒，若故為作弄於其間者然。雖然，今昔之感，使人短氣矣。鴻章蒞粵未一年，而有義和團之事。義和團何自起？戊戌維新之反動力也。初今上皇帝既以新政忤太后，八月之變，六賢被害，群小競興，而康有為亡英倫，梁啟超走日本。盈廷頑固黨，本已疾外人如仇讎矣，又不知公法，以為外國將挾康、梁以謀己也，於是怨毒益甚。而北方人民，自天津教案以至膠州割據以來，憤懣不平之氣蓄之已久，於是假狐鳴篝火之術，乘間而起。頑固黨以為可藉以達我目的也，利而用之，故義和團實政府與民間之合體也。而其所向之鵠各異：民間全出於公，愚而無謀，君子憐之；政府全出於私，悖而不道，普天嫉之。

二、李鴻章之位置 聯軍和約

使其時李鴻章而在直隸也，則此禍或可以不作，或禍作而鴻章先與袁、許輩受其難，皆未可知。而天偏不使難之早平，偏不令李之早死，一若特為李設一位置，使其一生歷史，更成一大結果者。至六月以後，聯軍迫京師，於是李鴻章復拜議和全權大臣之命。

當是時，為李鴻章計者曰：擁兩廣自立，為亞細亞洲開一新政體，上也；督兵北上，勤王勦拳，以謝萬國，中也；受命入京，投身虎口，行將為頑固黨所甘心，下也。雖然，第一義者，唯有非常之學識，非常之氣魄，乃能行之，李鴻章非其人也。彼當四十年前方壯之時，尚且不敢有破格之舉，況八十老翁，安能語此？故為此言者，非能知李鴻章之為人也。第二義近似矣，然其時廣東實無一兵可用，且此舉亦涉嫌疑，萬一廷臣舉李不相能者，加以稱兵犯闕之名，是騎虎而不能下也；李之衰甚矣，方日思苟且遷就，以保全身名，斯亦非其所能及也。

雖然，彼固曾熟審於第三義，而有以自擇。彼知單騎入都之或有意外，故遲遲其行；彼知非破京城後則和議必不能成，故逗留上海，數月不發。

兩宮既狩，和議乃始。此次和議雖不如日本之艱險，而轇轕亦過之。鴻章此際，持以鎮靜，徐為磋磨，幸各國有厭亂之心，朝廷有悔禍之意，遂於光緒二十七年七月，定為和約十二款如下：

第一款

一、大德國欽差男爵克大臣被戕害一事，前於西曆本年六月初九日即中曆四月二十三日，奉諭旨（附件二）親派醇親王載沣為頭等專使大臣，赴大德國大皇帝前，代表大清國大皇帝暨國家惋惜之意。醇親王已遵旨於西曆本年七月十二日即中曆五月二十七日自北京起程。

二、大清國國家業已聲明，在該處遇害所豎立銘志之碑，與克大臣品位相配，列敘大清國大皇帝惋惜凶事之旨，書以拉丁、德、漢各文。前於西曆本年七月二十二日即中曆六月初七日，經大清國欽差全權大臣文致大德國欽差全權大臣（附件三）。現於遇害處所建立碑坊一座，足滿街衢，已於西曆本年六月二十五日即中曆五月初十日興工。

第二款

一、懲辦傷害諸國國家及人民之首禍諸臣，將西曆本年二月十三、二十一等日，即中曆上年十二月二十五日、本年正月初三等日，先後降旨所定罪名開列於後（附件四、五、六）。端郡王載漪、輔國公載瀾，均定斬監候罪名；又約定如皇上以為應加恩貸其一死，即發往新疆永遠監禁，永不減免。莊親王載勛、都察院左都御史英年、刑部尚書趙舒翹，均定為賜令自盡。山西巡撫毓賢、禮部尚書啟秀、刑部左侍郎徐承煜，均定為即行正法。協辦大學士吏部尚書剛毅、大學士徐桐、前四川總督李秉衡，均已身死，追奪原官，即行革職。又兵部尚書徐用儀、戶部尚書立山、吏部左侍郎許景澄、內閣學士兼禮部侍郎銜聯元、太常寺卿袁昶，因上年力駁殊悖諸国義法極惡之罪被害，於西曆本年二月十三日即中曆上年十二月二十五日，奉上諭開復原官，以示昭雪（附件七）。莊親王載勛已於西曆本年二月二十一日即中曆正月初三日，英年、趙舒翹已於二十四日即初六日均自盡。毓賢已於念二日即初四日，啟秀、徐承煜於念六日即初八日均正法。又西曆本年二月十三日即中曆上年十二月念五日上諭將甘肅提督董福祥革職，俟應得罪名定讞懲辦，西曆本年四月念九日、六月初三，即中曆三月十一、四月十七日，先後降旨，將上年夏間凶慘案內所有承認獲咎之各外省官員，分別懲辦。二、上諭將諸國人民遇害被虐之城鎮，停止文武各等考試五年（附件八）。

第三款

因大日本國使館書記生杉山彬被害，大清國大皇帝從優榮之典，已於西曆本年六月十八日即中曆五月初三日降旨簡派戶部侍郎那桐為專使大臣，赴大日本國大皇帝前，代表大清國大皇帝及國家惋惜之意（附件九）。

第四款

大清國國家允定在於諸國被汙瀆及挖掘各墳墓建立滌垢雪侮之碑，已與諸國全權大臣會同商定，其碑由各該國使館督建，並由中國國家付給估算各費銀兩，京師一帶，每處一萬兩，外省每處五千兩。此項銀兩，業已付清。茲將建碑之墳墓，開列清單附後（附件十）。

第五款

大清國國家允定不準將軍火暨專為製造軍火各種器料運入中國境內，已於西曆一千九百一年八月十七日即中曆本年七月初四日降旨禁止進口二年。嗣後如諸國以為有仍應續禁之處，亦可降旨將二年之限續展（附件十一）。

第六款

上諭大清國大皇帝允定付諸國償款海關銀四百五十兆兩。此款系西曆一千九百年十二月二十二日即中曆光緒二十六年十一月初一日條款內第二款所載之各國各會各人及中國人民之賠償總數（附件十二）。（甲）此四百五十兆系海關銀兩，照市價易為金款，此市價按諸國各金錢之價易金如左：海關銀一兩，即德國三馬克零五五，即奧國三克勒尼五九五，即美國圓零七四二，即法國三佛郎克五，即英國三先零，即日本一圓四零七，即荷蘭國一弗樂零七九六，即俄國一魯布四一二。俄國魯布，按金平算即十七多理亞四二四。此四百五十兆，按年息四厘，正本由中國分三十九年按後附之表各章清還（附件十三）。本息用金付給，或按應還日期之市價易金付給。還本於一千九百零二年正月初一日起，至千九百四十年終止。還本各款，應按每屆一年付還，初次定於一千九百零一年正月初一日付還。利息由一千九百零一年七月初一日起算，唯中國國家亦可將所欠首六個月至一千九百零一年十二月三十一日之息，展在自一千九百零二年正月初一日起，於三年內付還，但所展息款之利，亦應按年四厘付清。又利息每屆六個月付給，初次定於一千九百零二年七月初一日付給。(乙) 此欠款一切事宜，均在上海辦理。如後諸國各派銀行董事一名，會同將所有由該管之中國官員付給之本利總數收存，分給有干涉者，該銀行出付回執。(丙) 中國國家將全數包票一紙交駐京諸國欽差領銜手內。此包票以後分作零票，每票上各由中國特派之官員畫押。此節以及發票一切事宜，應由以上所述之銀行董事各遵本國飭令而行。(丁) 付還包票財源各進款，應每月給銀行董事收存。(戊) 所定承擔包票之財源，開列於後：一、新關各進款，俟前已作為擔保之借款各本利付給之後餘剩者，又進口貨稅增至切實值百抽五，將所增之數加之。所有向例進口免稅各貨，除外國運來之米及各雜色糧面並金銀以及金銀各錢外，均應列入切實值百抽五貨內。二、所有常關各進款，在各通商口岸之常關，均歸新關管理。三、所有鹽政各進項，除歸還泰西借款一宗外，餘剩一併歸入，至進口貨稅增至切實值百抽五。諸國現允可行，唯須二端：一、將現在照估價抽收進口各稅，凡能改者，皆當急速改為按件抽稅幾何。改辦一層如後，以為估算貨價之基，應以一千八百九十七、八、九三年卸貨時各貨牽算價值，乃開除進口及雜貨總數之市價。其未改以前，各該稅仍照估價徵收。二、北河、黃浦兩水路，均應改善，中國國家亦應撥款相助。至增稅一層，俟此條款畫押兩個月後，即行開辦。除在此畫押日期後至遲十日已在途間之貨外，概不得免抽。

第七款

大清國國家允定各使館境界以為專與住用之處，並獨由使館管理，中國民人概不準在界內居住。亦可自行防守，使館界線於附件之圖上標明如後（附件十四）。東面之線，係崇文門大街，圖上十、十一、十二等字，北面圖上係五、六、七、八、九、十等字之線，西面圖上係一、二、三、四、五等字之線，南面圖上係十二、一等字之線，此線循城牆南址隨城堆而畫。按照西曆一千九百零一年正月十六日即中曆上年十一月二十六日文內後附之條，中國國家應允諸國分應自主，常留兵隊分保使館。

第八款

大清國國家應允將大沽炮臺及有礙京師至海通道之各炮臺一律削平，現已設法照辦。

第九款

按照西曆一千九百零一年正月十六日即中曆上年十一月二十六日文內後附之條款，中國國家應允由諸國分應主辦，會同酌定數處留兵駐守，以保京師至海通道無斷絕之處。今諸國駐防之處，系黃村、郎坊、楊村、天津軍糧城、塘沽、蘆臺、唐山、灤州、昌黎、秦王島、山海關。

第十款

大清國國家允定兩年之久，在各府、廳、州、縣將以後所述之上諭頒行佈告：一、西曆本年二月初一日即中曆上年十二月十三日上諭，以永禁或設或入與諸國仇敵之會，違者皆斬（附件十五）。西曆本年二月初一日即中曆上年十二月十三日上諭，各省撫督文武大吏暨有司各官，於所屬境內均有保平安之責，如復滋傷害諸國人民之事，或再有違約之行，必須立時彈壓懲辦，否則該管之員，即行革職，永不敘用，亦不得開脫別給獎敘（附件十六）。以上諭旨現於中國全境漸次張貼。

第十一款

大清國國家允定將通商行船各條約內，諸國視為應行商改之處，及有關通商各地事宜，均行議商，以期妥善簡易。按照第六款賠償事宜，約定中國國家應允襄辦改善北河、黃浦兩水路，其襄辦各節如左：一、北河改善河道，在一千八百九十八年會同中國國家所興各工，盡由諸國派員興修。一俟治理天津事務交還之後，即可由中國國家派員與諸國所派之員會辦，中國國家應付海關銀每年六萬以養其工。一、現設立黃浦河道局，經管整理改善水道各工，所派該局各員，均代中國及諸國保守在滬所有通商之利益。預估後二十年，該局各工及經管各費應每年支用海關銀四十六萬兩，此數平分，半由中國國家付給，半由外國各干涉者出資。該局員差並權責進款之詳細各節，皆於後附文件內列明（附件十七）。

第十二款

西曆本年七月二十四日即中國六月初九日降旨，將總理各國事務衙門按照諸國酌定改為外務部，班列六部之前。此上諭內已簡派外務部各王大臣矣（附件十八）。且變通諸國欽差大臣覲見禮節，均已商定由中國全權大臣屢次照會在案。此照會在後附之節略內述明（附件十九）。

茲特為議明以上所述各語，及後附諸國全權大臣所發之文牘，均系以法文為憑。大清國國家既如此按以上所述西曆一千九百年十二月二十二日，即中曆光緒二十六年十一月初一日文內各款，足適諸國之意妥辦，則中國願將一千九百年夏間變亂所生之局勢完結，諸國亦照允隨行。今將以上條款繕定同文十二分，均由諸國全權大臣畫押，諸國全權大臣各存一分，中國全權大臣收存一分。

三、中俄滿洲條約

聯軍和約既定，尚有一事為李鴻章未了之債者，則俄人滿洲事件是也。初《中俄密約》所訂，俄人有自派兵隊保護東方鐵路之權。至是義和團起，兩國疆場之間有違言焉，俄人即借端起釁，掠吉林、黑龍江之地，達於營口，北京方有聯軍之難，莫能問也。及和議開，俄人堅持此事歸中俄兩國另議，與都中事別為一談，不得已許之。及列國和約定，然後滿洲之問題起。李鴻章其為畏俄乎？為親俄乎？抑別有不得已者乎？雖不可知，然其初議之約，實不啻以東三省全置俄國勢力範圍之下，昭昭然也。今錄其文如下：

第一條　俄國交還滿洲於中國，行政之事，照舊辦理。

第二條　俄國留兵保護滿洲鐵路，俟地方平靜後，並本條約之樞要四條一概履行後，始可撤兵。

第三條　若有事變，俄國將此兵助中國鎮壓。

第四條　若中國鐵路（疑指滿洲鐵路）未開通之間，中國不能駐兵於滿洲；即他日或可駐兵，其數目亦須與俄國協定，且禁止輸入兵器於滿洲。

第五條 若地方大官處置各事，不得其宜，則須由俄國所請，將此官革職。滿洲之巡察兵，須與俄國相商，定其人數，不得用外國人。

第六條 滿洲、蒙古之陸軍、海軍，不得聘請外國人訓練。

第七條 中國宜將在旅順口之北金州之自主權拋棄之。

第八條 滿洲、蒙古、新疆伊犁等處之鐵路礦山及其他之利益，非得俄國許可，則不得讓與他國；或中國自為之，必亦須經俄國允許。牛莊以外之地，不得租借與他國。

第九條 俄國所有之軍事費用，一切皆由中國支出。

第十條 若滿洲鐵路公司有何損害，須中國政府與該公司議定。

第十一條 現在所損害之物，中國宜為賠償，或以全部利益，或以一部利益，以為擔保。

第十二條 許中國由滿洲鐵路之支路修一鐵路以達北京。

此草約一布，南省疆吏士民，激昂殊甚，咸飛電阻止，或開演說會，聯名抗爭。而英、美、日各國，亦復騰其口舌，勢將干涉。俄使不得已，自允讓步。經數月，然後改前約數事如左：

第一條　同

第二條　同

第三條　同

第四條　中國雖得置兵於滿洲，其兵丁多寡，與俄國協議，俄國協定多少，中國不得反對，然仍不得輸入兵器於滿洲。

第五條　同

第六條　刪

第七條　刪

第八條　在滿洲企圖開礦山、修鐵路及其他何等之利益者，中國非與俄國協議，則不許將此等利益許他國臣民為之。

第九條　同

第十條　同　並追加「此乃駐紮北京之各國公使協議，而為各國所採用之方法」字樣。

第十一條　同

第十二條 中國得由滿洲鐵路之支路修一鐵路，至直隸疆界之長城而止。

四、 李鴻章薨逝 身後恤典

至是而李鴻章病且殆矣。鴻章以八十高年，久經患難，今當垂暮，復遭此變，憂鬱積勞，已乖常度，本年以來，肝疾增劇，時有盛怒，或如病狂。及加以俄使助天為虐，恫喝催促，於邑難堪，及聞徐壽朋之死，拊心嘔血，遂以大漸，以光緒二十七年九月廿七日薨於京師之賢良寺。聞薨之前一點鐘，俄使尚來催促畫押雲。卒之此約未定，今以付諸慶親王、王文韶。臨終未嘗口及家事，唯切齒曰：「可恨毓賢誤國至此！」既而又長吁曰：「兩宮不肯回鑾。」遂瞑焉長逝，享年七十八歲。行在政府得電報，深宮震悼，翌日奉上諭：

朕欽奉懿旨，大學士、一等肅毅伯、直隸總督李鴻章，器識淵深，才猷宏遠，由翰林倡率淮軍，戡平發捻諸匪，厥功甚偉。朝廷特沛殊恩，晉封伯爵，翊贊綸扉。覆命總督直隸兼充北洋大臣，匡濟艱難，輯和中外，老成謀國，具有深衷。去年京師之變，

第十一章　李鴻章之末路

特派該大學士為全權大臣，與各國使臣妥定和約，悉合機宜。方冀大局全定，榮膺懋賞，遽聞溘逝，震悼良深。李鴻章著先行加恩，照大學士例賜恤，賞給陀羅經被，派恭親王溥偉帶領侍衛十員，前往奠醊。予謚文忠，追贈太傅，晉封一等候爵，入祀賢良祠，以示篤念荩臣至意。其餘飾終之典，再行降旨。欽此。

其後復賞銀五千兩治喪，賞其子李經述以四品京堂，承襲一等候爵，李經邁以京堂候補，其餘子孫優賞有差。賜祭兩壇，又命於原籍及立功省份及京師建立專祠，地方官歲時致祭，列入祀典。朝廷所以報其勛者亦至矣。而此一代風雲人物，竟隨北洋艦隊、津防練勇，同長辭此世界、此國民。吾聞報之日，成一輓聯云：

太息斯人去，蕭條徐泗空，莽莽長淮，起陸龍蛇安在也；

回首山河非，只有夕陽好，哀哀浩劫，歸遼神鶴竟何之。

第十二章
結論

第十二章　結論

一、李鴻章與古今東西人物比較

李鴻章必為數千年中國歷史上一人物，無可疑也；李鴻章必為十九世紀世界史上一人物，無可疑也。雖然，其人物之位置果何等乎？其與中外人物比較，果有若何之價值乎？試一一論列之。

第一，李鴻章與霍光。史家評霍光曰「不學無術」，吾評李鴻章亦曰「不學無術」。然則李鴻章與霍光果同流乎？曰：李鴻章無霍光之權位，無霍光之魄力。李鴻章謹守範圍之人也，非能因於時勢，行吾心之所安，而有非常之舉動者也。其一生不能大行其志者以此，安足語霍光？雖然，其於普通學問，或稍過之。

第二，李鴻章與諸葛亮。李鴻章忠臣也，儒臣也，兵家也，政治家也，外交家也。中國三代以後，具此五資格而永為百世所欽者，莫如諸葛武侯。李鴻章所憑藉，過於諸葛，而得君不及之。其初起於上海也，僅以區區三城，而能奏大功於江南，創業之艱，亦略相類。後此用兵之成就，又遠過之矣。然諸葛治崎嶇之蜀，能使士不懷奸，民咸自厲，而李鴻章數十年重臣，不能輯和國民，使為己用；諸葛之卒，僅有成都桑八百株，而鴻章以豪富聞於天下，相去何如耶？至其鞠躬盡瘁，死而後已，犬馬戀主之誠，亦或彷彿之。

第三，李鴻章與郭子儀。李鴻章中興靖亂之功，頗類郭汾陽，其福命亦不相上下。然汾陽於定難以外，更無他事；鴻章則兵事生涯，不過其終身事業之一部分耳。使易地以處，汾陽未必有以過合肥也。

第四，李鴻章與王安石。王荊公以新法為世所詬病，李鴻章以洋務為世所詬病。荊公之新法與鴻章之洋務，雖皆非完善政策，然其識見規模，決非詬之者之所能及也。號稱賢士大夫者，莫肯相助，且群焉哄之，掣其肘而議其後，彼乃不得不用僉王之人以自佐。安石、鴻章之所處同也，然安石得君既專，其布畫之兢兢於民事，局面宏遠，有過於鴻章者。

第五，李鴻章與秦檜。中國俗儒，罵李鴻章為秦檜者最多焉，法越、中日兩役間，此論極盛矣。出於市井野人之口，猶可言也，士君子而為此言，吾無以名之，名之曰狂吠而已。

第六，李鴻章與曾國藩。李鴻章之於曾國藩，猶管仲之鮑叔、韓信之蕭何也。不

第十二章　結論

寧唯是，其一生之學行、見識、事業，無一不由國藩提攜之而玉成之，故鴻章實曾文正肘下之一人物也。曾非李所及，世人既有定評。雖然，曾文正儒者也，使以當外交之沖，其術智機警，或視李不如，未可知也。又文正深守知止知足之戒，常以急流勇退為心，而李則血氣甚強，無論若何大難，皆挺然以一身當之，未曾有畏難退避之色，是亦其特長也。

第七，李鴻章與左宗棠。左、李齊名於時，然左以發揚勝，李以忍耐勝。語其器量，則李殆非左所能及也。湘人之虛者，嘗欲奉左為守舊黨魁以與李抗，其實兩人洋務之見識不相上下，左固非能守舊，李亦非能維新也。左文襄幸早逝十餘年，故得保其時俗之名，而以此後之艱巨謗詬，盡附於李之一身，文襄福命亦雲高矣。

第八，李鴻章與李秀成。二李皆近世之人豪也。秀成忠於本族，鴻章忠於本朝，一封忠王，一謚文忠，皆可以當之而無愧焉。秀成之用兵、之政治、之外交，皆不讓李鴻章，其一敗一成，則天也。故吾求諸近世，欲以兩人合傳而毫無遺憾者，其唯二李乎？然秀成不殺趙景賢，禮葬王有齡，鴻章乃紿八王而駢戮之，此事蓋猶有慚德矣。

第九，李鴻章與張之洞。十年以來，與李齊名者，則張之洞也。雖然，張何足以望李之肩背？李鴻章實踐之人也，張之洞浮華之人也。李鴻章最不好名，張之洞最好名，不好名故肯任勞怨，好名故常趨巧利。之洞於交涉事件，著著與鴻章為難，要其所畫之策，無一非能言不能行。鴻章嘗語人云：「不圖香濤做官數十年，仍是書生之見。」此一語可以盡其平生矣。至其虛狹隘，殘忍苛察，較之李鴻章之有常識有大量，尤相去霄壤也。

第十，李鴻章與袁世凱。今後承李鴻章之遺產者，厥唯袁世凱。世凱，鴻章所豢養之人也，方在壯年，初膺大任，其所表見蓋未著，今難懸斷焉。但其人功名心重，其有氣魄敢為破格之舉，視李鴻章或有過之。至其心術如何，其毅力如何，則非今之所能言也。而今日群僚中，其資望才具可以繼鴻章之後者，舍袁殆難其人也。

第十一，李鴻章與梅特涅。奧宰相梅特涅（Metternich），十九世紀第一大奸雄也。凡當國四十年，專出其狡獪之外交手段，外之以指揮全歐，內之以壓制民黨。十九世紀前半紀，歐洲大陸之腐敗，實此人之罪居多。或謂李鴻章殆幾似之。雖然，鴻章之心術，不如梅特涅之險，其才調亦不如梅特涅之雄。梅特涅知民權之利而壓之，李鴻章不知民權之利而置之；梅特涅外交政策，能操縱群雄，李鴻章外交政策，不能安頓一朝

第十二章　結論

鮮，此其所以不倫也。

第十二，李鴻章與俾斯麥。或有稱李鴻章為東方俾斯麥者，雖然，非諛詞，則妄言耳。李鴻章何足以望俾斯麥？以兵事論，俾斯麥所勝者敵國也，李鴻章所夷者同胞也；以內政論，俾斯麥能合向來散漫之列國而為一大聯邦，李鴻章乃使龐然碩大之中國降為二等國；以外交論，俾斯麥聯奧、意而使為我用，李鴻章聯俄而反墮彼謀。三者相較，其霄壤何如也！此非以成敗論人也，李鴻章之學問、智術、膽力，無一能如俾斯麥者，其成就之不能如彼，實優勝劣敗之公例然也。雖李之際遇或不及俾，至其憑藉則有過之。人各有所難，非勝其難，則不足為英雄。李自訴其所處之難，而不知俾亦有俾之難，非李所能喻也。使二人易地以居，吾知其成敗之數亦若是已耳。故持東李西俾之論者，是重誣二人也。

第十三，李鴻章與格蘭斯頓。或又以李、俾、格並稱三雄，此殆以其當國之久、位望之尊言之耳。李與格固無一相類者。格之所長，專在內治，專在民政，而軍事與外交，非其得意之業也。格蘭斯頓，有道之士也，民政國人物之圭臬也。李鴻章者，功名之士也，東方之人物也，十八世紀以前之英雄也。二者相去蓋遠甚矣。

第十四，李鴻章與爹亞士。法總統爹亞士（Thiers），巴黎城下盟時之議和全權也。其當時所處之地位，恰與李鴻章乙未庚子間相彷彿，存亡危急，忍氣吞聲，誠人情所最難堪哉。但爹亞士不過偶一為之，李鴻章則至再至三焉；爹亞士所當者只一國，李鴻章則數國，其遇更可悲矣。然爹亞士於議和後，能以一場之演說，使五千兆佛郎立集而有餘，而法蘭西不十年，依然成為歐洲第一等強國。若李鴻章則為償款所困，補救無術，而中國之淪危，且日甚一日。其兩國人民愛國心之有差率耶？抑用之者不得其道也。

第十五，李鴻章與井伊直弼。日本大將軍柄政時，有幕府重臣井伊直弼者，當內治外交之沖，深察時勢，知閉關絕市之不可，因與歐美各國結盟，且汲汲然欲師所長以自立。而當時民間，尊王攘夷之論方盛，井伊以強力鎮壓之，以效忠於幕府，於是舉國怨毒，集彼一身，卒被壯士刺殺於櫻田門外，而日本維新之運乃興。井伊者，明治政府之大敵，亦明治政府之功臣也。其才可敬，其遇可憐，日人至今皆為訟冤。李鴻章之境遇，殆略似之，然困難又較井伊萬萬也。井伊橫死，而鴻章哀榮，其福命則此優於彼焉。然而日本興矣，然而中國如故也。

第十六，李鴻章與伊藤博文。李鴻章與日相伊藤，中日戰役之兩雄也。以成敗論，自當右伊而左李。雖然，伊非李之匹也。日人常評伊藤為際遇最好之人，其言蓋當。彼當日本維新之初，本未嘗有大功，其櫛風沐雨之閱歷，既輸一籌。故伊藤之輕重於日本，不如鴻章之輕重於中國，使易地以處，吾恐其不相及也。雖然，伊有優於李者一事焉，則曾遊學歐洲，知政治之本原是也，此伊所以能制定憲法，為日本長治久安之計；李鴻章則唯彌縫補苴，畫虎效顰，而終無成就也。但日本之學如伊藤者，其同輩中不下百數；中國之才如鴻章者，其同輩中不得一人，則又不能專為李咎者也。

二、李鴻章之軼事

李鴻章之治事也，案無留牘，門無留賓，蓋其規模一仿曾文正雲。其起居飲食，皆立一定時刻，甚有西人之伊藤博文舊照風。其重紀律，嚴自治，中國人罕有能及之者。不論冬夏，五點鐘即起。有家藏一宋拓《蘭亭》，每晨必臨摹一百字，其臨本從不示人，此蓋養心自律之一法。曾文正每日在軍中，必圍棋一局，亦是此意。

每日午飯後，必晝寢一點鐘，從不失時。其在總理衙門時，每晝寢將起，欠伸一聲，即伸一足穿靴，伸一手穿袍，服役人一刻不許遲誤云。

養生一用西醫法，每膳供雙雞之精汁，朝朝經侍醫診驗，常上電氣。

戈登嘗訪李鴻章於天津，勾留數月。其時俄國以伊犁之役，頗專威嚇，將有決裂之勢。鴻章以詢戈登，戈登曰：「中國今日如此情形，終不可以立於往後之世界，除非君自取之，握全權以大加整頓耳。君如有意，僕當執鞭效犬馬之勞。」鴻章瞿然改容，舌撟而不能言。

李鴻章接人常帶傲慢輕侮之色，俯視一切，揶揄弄之，唯事曾文正如嚴父，執禮之恭，有不知其然而然者。

李鴻章與外國人交涉，尤輕侮之，其意殆視之如一市儈，謂彼輩皆以利來，我亦持籌握算，唯利是視耳。崇拜西人之劣根性，鴻章所無也。

李鴻章於外國人中，所最敬愛者唯兩人，一曰戈登，一曰美國將軍格蘭德，蓋南北美之戰立大功者也。格蘭德遊歷至津，李鴻章待以殊禮；此後接見美國公使，輒問詢其起居；及歷聘泰西時，過美國，聞美人為格蘭德立紀功碑，即贈千金以表敬慕之情。

李鴻章之治事最精核，每遇一問題，必再三盤詰，毫無假借，不輕然諾，既諾則必

第十二章　結論

踐之，實言行一致之人也。

李鴻章之在歐洲也，屢問人之年及其家產幾何。隨員或請曰：「此西人所最忌也，宜勿爾。」鴻章不恤。蓋其眼中直無歐人，一切玩之於股掌之上而已。最可笑者，嘗游英國某大工廠，觀畢後，忽發一奇問，問於其工頭曰：「君統領如許大之工場，一年所入幾何？」工頭曰：「薪水之外無他入。」李徐指其鑽石指環曰：「然則此鑽石從何來？」歐人傳為奇談。

世人竟傳李鴻章富甲天下，此其事殆不足信，大約數百萬金之產業，意中事也。招商局、電報局、開平煤礦、中國通商銀行，其股份皆不少。或言南京、上海各地之當鋪銀號，多屬其管業雲。

李鴻章之在京師也，常居賢良寺，蓋曾文正平江南後，初次入都陛見，即僦居於此，後遂以為常雲。將來此寺當為《春明夢余錄》添一故實矣。

李鴻章生平最遺恨者一事，日未嘗掌文衡。戊戌會試時在京師，謂必得之，卒不獲。雖朝殿閱卷大臣，亦未嘗一次派及，李頗怏怏雲。以蓋代勛名，而繾綣於此物，可見科舉之毒入人深矣。

以上數條，不過偶所觸及，拉雜記之，以觀其人物之一斑而已。著者與李鴻章相交既不深，不能多識其遺聞軼事，又以無關大體，載不勝載，故從闕如。然則李鴻章果何等之人物乎？吾欲以兩言論斷之曰：不學無術，不敢破格，是其所短也；不避勞苦，不畏謗言，是其所長也。嗚呼！李鴻章往矣，而天下多難，將更有甚於李鴻章時代者，後之君子，何以待之？

三、李鴻章之人物

吾讀日本報章，有德富蘇峰著論一篇，其品評李鴻章有獨到之點，茲譯錄如下：

中國之名人物李鴻章逝，東洋之政局，自此不免有寂寞，不獨為清廷起喬凋柱折之感而已。

概而言之，謂李鴻章人物之偉大，事功之崇隆，不如謂其福命之過人也。彼早歲得科第，入詞館，占清貴名譽之地位；際長髮之亂，為曾國藩幕僚，任淮軍統帥，賴戈登之力以平定江蘇；及其平捻也，亦稟承曾國藩之遺策，成大功；及為直隸總督，辦天津

第十二章　結論

教案，正當要挾狼狽之際，忽遇普法戰起，法、英、俄、美皆奔走喘息於西歐大事，而此教案遂銷沉於無聲無影之間。邇來二十有五年，彼總制北洋，開府天津，綜中國之大政，立世界之舞台，此實彼之全盛時代也。

雖然，彼之地位，彼之勢力，非悉以僥倖而得之者。彼在中國文武百僚中，確有超卓之眼孔，敏捷之手腕，而非他人之所能及也。彼知西來之大勢，識外國之文明，思利用之以自強，此種眼光，雖先輩曾國藩，恐亦讓彼一步，而左宗棠、曾國荃更無論也。

彼屯練淮軍於天津，教以洋操；興北洋水師，設防於旅順、威海、大沽；開招商局，以便沿海河川之交通；置機器局，製造兵器；辦開平煤礦；倡議設鐵路。自軍事、商務、工業，無一不留意，雖其議之發自彼與否暫勿論，其權全在彼與否暫勿論，其辦理之有成效與否暫勿論，然要之導清國使前進以至今日之地位者誰乎？固不得不首屈一指曰：李鴻章也。

世界之人，殆知有李鴻章，不復知有北京朝廷。雖然，北京朝廷之於彼，必非深親信者。不寧唯是，且常以猜疑憎嫉之眼待之，不過因外部之壓迫，排難解紛非彼莫能，故不得已而用之耳。況各省督撫，滿廷群僚，其不釋然於彼者，所在皆是。蓋雖其全盛時代，而其在內之勢力，固已甚微薄，而非如對外之有無限權力、無限光榮也。

中日之役，是彼一生命運之轉潮也。彼果自初蓄意以主戰乎？不能深知之。但觀其當事機將決裂之際，忽與俄使喀希尼商，請其干涉弭兵，則其始之派兵於朝鮮，或欲用威脅手段，不戰而屈日本，亦未可知。大抵彼自視過高，視中國過大，而料敵情頗有不審者。彼蓋未知東亞局面之大勢，算有遺策，不能為諱也。一言蔽之，則中日之役，實彼平生之孤注一擲也。而此一擲不中，遂至積年之勞績聲名，掃地幾盡。

尋常人遭此失意，其不以憂憤死者幾希。雖然，彼以七十三歲之高齡，內則受重譴於朝廷，外則任支持於殘局，挺出以任議和之事，不幸為凶客所狙，猶能從容，不辱其命；更輿櫬赴俄國，賀俄皇加冕，遊歷歐美，於前事若無一毫介意者，彼之不可及者，在於是。

彼之末路，蕭條甚矣。彼之前半生，甚親英國；其後半生，最親俄國，故英人目彼為鬻身於俄廷。以吾論之，彼之親俄也，以其可畏乎？以其可信乎？吾不得而知之。要之，彼認俄國為東方最有勢力之國，寧賂關外之地，托庇於其勢力之下，以苟安於一時，此其大原因也。彼之《中俄密約》《滿洲條約》等事，或視之與秦檜之事金，同為賣國賊臣，此其論未免過酷。蓋彼之此舉，乃利害得失之問題，非正邪善惡之問題也。

彼自退出總理衙門後，或任治河而遠出於山東，或任商務而僻駐於兩廣，直至義和團事起，乃復任直隸總督，與慶王同任議和全權，事方定而溘然長逝，此實可稱悲慘之末路，而不可謂恥辱之末路也。何也？彼其雄心至死未消磨盡也。

第十二章　結論

使彼而卒於中日戰事以前，則彼為十九世紀之一偉人，作世界史者必大書特書而無容疑也。彼其容貌堂堂，其辭令巧善，機鋒銳敏，縱擒自由，使人一見而知為偉人。雖然，彼之血管中，曾有一點英雄之血液否乎？此吾所不敢斷言也。彼非如格蘭斯頓有道義的高情，彼非如俾斯麥有倔強的男性，彼非如康必達有愛國的熱火，彼非如西鄉隆盛有推心置腹的至誠。至其經世之識量，亦未有能令我感服而不能已者。要而論之，彼非能為鼓吹他人崇拜英雄心之偶像也。

雖然，彼之大橫著，有使人驚嘆者。彼中國人也！彼大中國人也！彼無論如何之事，不驚其魂，不惱其心。彼能忍人所不能忍，無論若何失望之事，視之如浮雲過空，雖其內心或不能無懊惱乎，無悔恨乎，然其痕跡，從何處求之見之？不觀乎鐵血宰相俾斯麥乎，一旦失意退隱，其胸中瞋恚之火，直噴出如焰；而李鴻章則於其身上之事，若曾無足以掛其慮者然。其容忍力之偉大，吾人所尊敬膜拜而不能措者也。

若使彼如諸葛孔明之為人，則決無可以久生於此世界之理。何也？彼一生之歷史，實中華帝國衰亡史也，如剝筍皮，一日緊一日，與彼同時代之人物，凋落殆盡。彼之一生，以前光後暗而終焉。而彼之處此，曾不以擾動其心。或曰：彼殆無腦筋之人也。雖然，天下人能如彼之無腦筋者有幾乎？無腦筋之絕技一至此，寧非可嘆賞者耶？

陸奥宗光嘗評彼曰：「謂彼有豪膽，有逸才，有決斷力，寧謂彼為伶俐有奇智，妙察事機之利害得失也。」此言殆可謂鐵案不移。雖然，彼從不畏避責任，是彼之不可及也。此其所以數十年為清廷最要之人，瀕死而猶有絕大關係，負中外之望也。或曰：彼自視如無責任，故雖如何重大之責任，皆當之而不辭。然此之一事，則亦彼之所以為大也。

彼可謂中國人之代表人也。彼純然如涼血類動物，中國人之性也；彼其事大主義，中國人之性也；其容忍力之強，中國人之性也；其硬腦硬面皮，中國人之性也；其詞令巧妙，中國人之性也；其狡獪有域府，中國人之性也；其自信自大，中國人之性也。彼無管仲之經世的識量，彼無孔明之治國的誠實，雖然，彼非如王安石之學究，彼其以逸待勞，機智縱橫，虛心平氣，百般之艱危糾紛，能從容以排解之，舍勝海舟外，殆未見有其比也。

以上之論，確能摹寫李鴻章人物之真相，而無所遺，褒之不過其當，貶之不溢其短，吾可無復贊一辭矣。至其以李鴻章為我國人物之代表，則吾四萬萬人不可不深自反也。吾昔為《飲冰室自由書》，有《二十世紀之新鬼》一篇，今擇其論李鴻章者，附錄於下：

嗚呼！若星氏、格氏可不謂曠世之豪傑也哉？此五人者（指域多利亞、星亨、格里士比、麥堅尼、李鴻章），於其國皆有絕大之關係，除域多利亞為立憲政府國之君主，君主無責任，不必論斷外，若格里士比，若麥堅尼，皆使其國一新焉。若星亨，則欲新之而未能竟其志者也。

以此論之，則李鴻章之視彼三人，有慚德矣。李鴻章每自解曰：「吾被舉國所掣肘，有志焉而未逮也。」斯固然也，雖然，以視星亨、格里士比之冒萬險、忍萬辱、排萬難以卒達其目的者何如？夫真英雄，恆不假他之勢力，而常能自造勢力，彼星氏、格氏之勢力，皆自造者也。若李鴻章則安富尊榮於一政府之下而已，苟其以強國利民為志也，豈有以四十年之勛臣耆宿，而不能結民望以戰勝舊黨者？惜哉！李鴻章之學識不能為星亭，其熱誠不能為格里士比，所憑藉者十倍於彼等，而所成就乃遠出彼等下也。質而言之，則李鴻章實一無學識、無熱誠之人也。雖然，以中國之大，其人之有學識、有熱誠能愈於李鴻章者幾何？十九世紀列國皆有英雄，而我國獨無一英雄，則吾輩亦安得不指鹿為馬，聊自解嘲，翹李鴻章以示於世界曰：此我國之英雄也。嗚呼！亦適成為我國之英雄已矣，亦適成為我國十九世紀以前之英雄而已矣。

要而論之，李鴻章有才氣而無學識之人也，有閱歷而無血性之人也。彼非無鞠躬盡瘁死而後已之心，然彼彌縫偷安以待死者也。彼於未死之前當責任而不辭，然未嘗有立百年大計以遺後人之志。諺所謂「做一日和尚撞一日鐘」，中國朝野上下之人心，莫不皆然，而李亦其代表人也。雖然，今日舉朝二品以上之大員，五十歲以上之達官，無一人能及彼者，此則吾所敢斷言也。嗟乎！李鴻章之敗績，既已屢見不一見矣。後此內憂外患之風潮，將有甚於李鴻章時代數倍者，乃今也欲求一如李鴻章其人者，亦渺不可復睹焉。念中國之前途，不禁毛髮栗起，而未知其所終極也。

九州生氣恃風雷，萬馬齊喑究可哀。

我勸天公重抖擻，不拘一格降人才。

附錄：二十世紀之新鬼

附錄：二十世紀之新鬼

二十世紀之開幕，至今凡三百日有奇。世界之巨人，死於是者五人焉。一日英國女王維多利亞，二日日本政友會首領、前遞信大臣星亨，三日義大利左黨首領、前宰相格里士比，四日美國合眾黨首領、原任大統領麥堅尼，五日中國議和全權大臣、直隸總督李鴻章。楊朱有言：「生則堯舜，死則腐骨；生則桀紂，死則腐骨。」雖復窮尊極貴，殊俊奇傑，亦豈能有與天地長久者耶？環瀛萬里，各自撒手，四時之運，成功者去，碧落黃泉，頗不寂寞。

以權勢地位論之，則域多利亞與麥堅尼為一類；以聲名之久、福命之高論之，則域多利亞與李鴻章為一類；以民間之壓力論之，則星亨、格里士比、麥堅尼為一類；以戰功之顯著、外交之敏活論之，則格里士比與李鴻章為一類；以早年之艱辛被窘被逐於官吏論之，則星亨、格里士比為一類；以晚年唾罵之多論之，則星亨與李鴻章為一類；以現實當權一舉一動為世界所注目論之，則李鴻章與麥堅尼為一類；以享壽之高論之，則域多利亞、格里士比、李鴻章為一類；以齎志未竟、死事慘酷論之，則星亨與麥堅尼為一類。

域多利亞、麥堅尼、李鴻章之事實，吾邦人多能知之，茲不具述，請略敘星亨與格里士比之所經歷。

星亨，日本近來政界之雄也。明治五年，嘗為橫濱稅關長，以誤稱英皇為英王，觸英公使之怒，不肯自屈，罷職而遊學英國。明治十年，歸為政府附屬律師。未幾，自由黨興，彼以後進入黨，崢嶸倔強，為先輩所器重，卒乃握自由黨中獨一無二之權力。星亨一生之歷史，實日本自由黨始末歷史也。當明治十五、六年間，彼率黨人攻擊政府，鏖戰不遺餘力，遂以明治十八年下獄，二十年被放逐於外。二十三年，議院既開，舉為議員，旋任下議院議長。因與改進黨相敵，奪議長之職，削議員之籍。明治二十九年，復任美國公使。三十二年，任滿歸。值憲政黨（即進步、自由兩黨合併改名者）政府之末運，彼直揮大刀闊斧，散內閣，散憲政黨。三十三年，改自由黨為立憲政友會。未幾，政友會得政，組織內閣，星亨為遞信省大臣。星亨為人，雄才大略，有不可一世之概。膽智冠世，日日與其政敵鏖戰，所向披靡，遂赫然為日本現世第一人物。而生平不謹小節，好貨賂，大為國人所詬病。為大臣不數月，以舊贓事牽連辭職，然猶居議院，指揮最多數之政黨焉。本年七月，為一俠客所刺，卒於市會議場。

格里士比，千八百十九年，生於義大利之西西里島。早歲為律師。千八百四十八年，義大利革命之役，格氏實為其有力者。事敗，遁於法蘭西，既又被逐，竄於英國，飄蓬海島，無以為生，時或凍餓經旬，賣文於各報館，僅得充饘粥，如是者凡十餘年。至千八百六十年，始從革命軍大將軍雅裡巴治入於西西里島，西西里遂自立。及義大利一統之業成，舉為議員，尋任下議院議長。屢為政府大臣，嘗兩度為宰相。義大利有左右黨，而格氏實左黨之首領也。其內治政策，恆與教會權力相反對；其外交政策，務親德意志以抑法蘭西。歐洲三國同盟（德、奧、伊三國），格氏最有功焉。後以事為反對黨所扼，遂於千八百九十六年辭職。自脫於政海之風波，優遊林下以終餘年。義大利建國之日雖尚淺，而能屹然立於歐洲居一等國之位置，實格氏與嘉富爾、雅裡巴治三雄之功居多云。以本年八月卒，年八十有三。

嗚呼！若星氏、格氏，可不謂曠世之豪傑也哉？此五人者，於其國皆有絕大之關係，除域多利亞為立憲政治國之君主，君主無責任，不必論斷外，若格里士比，若麥堅尼，皆使其國一新焉；若星亨，則欲新之而未能竟其志也。以此論之，則李鴻章之視彼三人，有慚德矣。李鴻章每自解曰：「吾被舉國所掣肘，有志而未逮也。」斯固然也。雖然，以視星亨、格里士比之冒萬險忍萬辱排萬難以卒達其目的者何如？夫真英雄恆不假他之勢力，而常能自造勢力。彼星氏、格氏之勢力，皆自造者也。若李鴻章則安富尊榮於一政府之下而已。苟其以強國利民為志也，豈有以四十年之勛臣耆宿，而不能結民望以戰勝舊黨者？惜哉！李鴻章之學識不能如星亨，其熱誠不能如格里士比，所憑藉者十倍於彼等，而所成就乃遠出彼等下也。質而言之，則李鴻章實一無學識無熱誠之人也。雖然，以中國之大，其人之有學識有熱誠能愈於李鴻章者幾何？十九世紀列國皆有英雄，而我國獨無一英雄，則吾輩亦安得不指鹿為馬，聊自解嘲，翹李鴻章以示於世界曰：此我國之英雄也。嗚呼！適成為我國之英雄而已矣，亦適成為我國十九世紀以前之英雄而已矣。域多利亞之君英國也，六十餘年；李鴻章之相中國也，四十餘年。以一身而當國之久，近世中未有及此兩人者也。雖然，域多利亞六十年中，英國擴土，遍於五洲，遂至有「THE SUNCONTINUALLY SHINES ON OUR BRITISH FLAG」（譯為太陽常照我英國旗也，意謂英國屬土遍於兩半球也）之驕語，何其榮也。李鴻章四十年中，中國日蹙百里，試一披亞細亞東部輿國，其改渲顏色者殆十餘處矣，何其恥也。

夫英國之榮，固不能為域多利亞一人功；中國之恥，亦不能為李鴻章一人罪。嗚呼！十九世紀往矣，而二十世紀方將來。曾國藩常言：「以往種種，譬如昨日死；未

附錄：二十世紀之新鬼

來種種，譬如今日生。」吾輩於十九世紀之代表無歆焉無責焉，亦視二十世紀之新人何如耳？

麥堅尼非十九世紀美國之代表人，而二十世紀美國之代表人也。美國自華盛頓創業，門羅昌言，皆務保疆，不務攻取，經營美洲，不及他洲。自麥堅尼就任以來，一舉而懸古巴，再舉而吞夏威夷，三舉而攘菲律賓，共和主義，一變為帝國主義，遂使西半球新世界，與東亞大陸忽相接近。自今以往，美國將突飛五洲，主盟群雄，而中美之交，亦自此多事。是皆麥堅尼所以貽後人也。李鴻章結舊中國之終，而麥堅尼開新美國之始。麥堅尼死，而將來為麥堅尼繼志者，當不止於千萬；李鴻章死，而將來為李鴻章干蠱者誰耶？

嗟夫！望八荒之寥廓，何地無才；送九原之沉冥，問天不語。陳陳代謝，去日疏而來日親；咄咄逼人，後視今猶今視昔。青燈有味，逝水無情。聊附長吟，以代信史。

旗翻日所出入處，功到天為歌泣時。五大洋中海水靜，群龍齊唄輓歌詩。

右一首域多利亞。

一生自獵知無敵，百中爭能恥下韝（用杜老詠鷹句）。今日江山忽寂寞，飛鷹銜箭墮寒秋。

右一首星亨。

纍纍六度蘇子印，咽咽十載吳市簫。國自少年吾老矣（格氏嘗與瑪志尼創一會曰少年義大利），菟裘人去雨瀟瀟。

右一首格里士比。

壯夫生奪門羅席（門羅，前美國總統，嘗宣言美國不干預他洲之事，他洲亦不得干預美洲之事，世稱門羅主義），雄鬼死傍林肯墳（林肯，前美國總統，為放黑奴，開南北美之戰。戰後繼任，被刺卒者）。無賴商風海西警，半旗蔽地吊天民。

右一首麥堅尼。

陽秋未定蓋棺論，病國能成豎子名。如此江山且休去，夕陽黃葉送君行。

右一首李鴻章。

電子書購買

爽讀 APP

國家圖書館出版品預行編目資料

李鴻章傳：滅太平天國、開洋務運動、創北洋水師……挽救崩潰王朝的「中興名臣」！/ 梁啟超 著 . -- 第一版 . -- 臺北市：複刻文化事業有限公司 , 2023.11
面；　公分
POD 版
ISBN 978-626-97907-3-9(平裝)
1.CST: (清) 李鴻章 2.CST: 傳記
782.878　112017276

李鴻章傳：滅太平天國、開洋務運動、創北洋水師……挽救崩潰王朝的「中興名臣」！

臉書

作　　者：梁啟超
發 行 人：黃振庭
出 版 者：複刻文化事業有限公司
發 行 者：複刻文化事業有限公司
E-mail：sonbookservice@gmail.com
粉 絲 頁：https://www.facebook.com/sonbookss/
網　　址：https://sonbook.net/
地　　址：台北市中正區重慶南路一段六十一號八樓 815 室
Rm. 815, 8F., No.61, Sec. 1, Chongqing S. Rd., Zhongzheng Dist., Taipei City 100, Taiwan
電　　話：(02)2370-3310　**傳　　真**：(02) 2388-1990
印　　刷：京峯數位服務有限公司
律師顧問：廣華律師事務所 張珮琦律師

定　　價：250 元
發行日期：2023 年 11 月第一版
◎本書以 POD 印製
Design Assets from Freepik.com